先生、それパワハラです！と言われないために

職場のハラスメント研究所所長
金子雅臣

教育開発研究所

はじめに

令和元年5月29日に職場でのパワー・ハラスメント（以下「パワハラ」という）の防止に向けた、いわゆるパワハラ防止法（労働施策総合推進法の改正、以下「改正法」という）が成立し、令和2年6月1日より施行されました。

そもそも、この言葉が生まれたのは、東京のコンサルティング会社とそのスタッフが和製英語として使用したことがはじまりです。その後、マスコミなどで大きく取り上げられるようになり、パワハラという言葉は急速に社会に広まりました。

しかしながら、よく言われるように、キレやすい上司などはどこにでもいるし、また少し要領の悪い部下もどこにでもいます。こんな人たちの組み合わせで、イライラがつのり、怒声がとんだり、罵声を浴びせたりということはよくあることです。したがって、そんなことはあたりまえのことだという見方もあり、職場でのパワハラの受け止め方は様々でした。

これまでであれば、こうした大声をあげる上司は、仕事熱心で熱血指導などと称賛されてきたこともあり、「何がパワハラだ」と反発する意見もありました。しかし、近年になり、そうした管理職の対応がうつ自殺を招いたりしたことから、パワハラだと指弾されたり、職場いじめとして社会問題になってきました。

しかし、法律ができて概念が整理されても、パワハラかどうかの判断は依然として混乱があります。それぞれの主観による部分が大きく、職場環境も異なるため、個別状況に見合った判断や対応が求められます。したがって、行為者と被害者の受け止め方の差が大きく、なかなか共通な理解が難しいテーマであることは変わりありません。

時には「学校のため」「生徒のため」を思ってやったと主張されることの多いパワハラの最大の特徴は、行為を行っている側にほとんどパワハラという自覚がないことです。そのため、他者から指摘されてはじめて気づくことも少なくありません。加えて、加害者が上司である場合が多いため、被害者が言い出しにくいといった問題もあり、なかなか表面化しにくいのが現状です。

確かに、これまでであれば職場によくある風景の一つといわれていたことが、メンタル不全はおろか、自殺にまで発展してしまうということであればただごとではありません。行き過ぎた厳しい叱責や、攻撃的な言動がダメだというのなら、そうした言動を止めればいいということなのですが、そのように簡単ではないことがパワハラ対策の難しさです。

職場での厳しい指導や叱責は、部下への教育指導と密接に関連して行われてきました。それだけに、教育を専らとする学校現場では日常業務と密接に関連するデリケートなテーマともいえます。行き過ぎかどうかは、指導・教育に必ずつきまとうテーマといってもよく、パワハラとの境界線は絶えず問題になります。

今日のように、仕事が増え続け、スピードが求められる職場、そして、些細なミスも許さない厳しい職場が増えていることが、そうした言動に拍車をかけています。そんな職場の環境変化が、ストレスを生み出し〝苛立つ職場〟を作りだしています。お互いに適切な人間関係を生み出すための距離が取りづらい、息苦しい職場が多くなってきていることが背景にあります。そうしたことから、もはや個人個人の問題としてだけではなく、職場環境の問題としてとらえる視点が大切になってきています。パワハラのない職場環境づくり、そのために管理職が取り組むべきことについて考えていきます。

２０２０年７月　著者

目次

◆◆◆『先生、それパワハラです！と言われないために』◆◆◆

4章 どう予防するか

6章 パワハラを起こさない学校づくり

1章

ハラスメントはなぜ起きるのか

——発生のメカニズム

1 わかりますか? ハラスメント

「ハラスメント」という言葉は、1980年代後半、アメリカから日本に持ち込まれた「セクシュアル・ハラスメント」という言葉の広がりが発端になっています。当時のアメリカでは、深刻な人権侵害としての性暴力という意味で「セクシュアル・ハラスメント」という言葉が用いられていました。

しかし、日本では「性暴力」ではなく「性的な嫌がらせ」とやや軽く翻訳され、言葉も「セクハラ」と短縮されて、揶揄的に用いられるようになりました。その後、言葉の軽さもあり、「ハラスメント」という言葉は様々な場面で用いられるようになり、多種多様なハラスメントという言葉が生まれるようになりました。

最近では、働き方改革で時間短縮が叫ばれるようになり、仕事が減らないのに無理やり時間短縮を進めることで、仕事が進めづらくなっていることをとらえて〝ジタハラ〟(時短ハラスメント)と言ったり、パソコンのスキルなどICTに関する嫌がらせを〝テクハラ〟（テクノロジー・ハラスメント）などと言い、SNSやネットを利用した嫌がらせを総称して〝ソーシャル・ハラスメント〟などという言葉も使われています。

よく知られているパワハラやセクハラ以外にも、ハラスメントにはさまざまな種類があります。最近、耳にする機会の多いものにマタハラやスメハラ、モラハラなどがありますが、一般的に流布しているハラスメントの種類は、30〜40にものぼるとされています。

こうしたハラスメントという表現の広がりに「なんでもかんでもハラスメントにされたらコミュニケーションが取りづらい」という見方もあります。しかし、最近では、「ハラスメント」という言葉は、悩ませられたり、迷惑だと感じている人がなかなか言い出せない場合のサインとして広く使われるようになってきています。

2 知っておきたいハラスメント

ハラスメントとは、人が「嫌だ」と思い「迷惑だ」と感じたことに対する言葉だという特徴を考えれば、「コミュニケーションの数だけ、ハラスメントが存在する可能性がある」と言っても過言ではありません。ここではすべてのハラスメントを取り上げることはできませんが、そんな中でも、ぜひ知っておいた方がいいだろうと思われるハラスメントの代表例を紹介します。

(1) ジェンダー・ハラスメント

「ジェンダー・ハラスメント」というのは、性に関する固定観念や性別役割分担意識に基づいて、「女のくせに」とか「男のくせに」といった偏見や先入観から相手を判断することを言います。典型的には、女らしさ・男らしさの物差しから外れた行動や態度に対し、「女のくせに乱暴」とか「男のくせに非力」と言った言い方で非難することです。また、女性だけにコピーなどの補助的業務をさせたりお茶くみをさせたりするなど性別役割の強要も含まれます。

これは、性別で「女らしい女」や「男らしい男」でなければ認めないという性別役割を固定的にとらえる考え方で、多様な生や性の在り方を認めようとする考え方とは正反対の考え方といえます。多様な性や生を人権尊重の一つとして認めていこうというダイバーシティが話題になっている今日、「ジェンダー・ハラスメント」は性差別として認められません。

セクハラの広義の概念「相手方の望まない性的な行為」の中に、ジェンダー・ハラスメントを含める考え方もありますが、女性だけにコピーなどの補助的業務やお茶くみをさせることは必ずしも性的な言動とは言えないため、ジェンダー・ハラスメントをセクハラとは別に区分する考え方もあります。

雇用の分野における男女の均等な機会及び待遇の確保等に関する法律の通達（平成10年6月11日女発第168号）によれば、「例えば女性労働者のみに『お茶くみ』等を行わせること自体は性的な言動には該当しないが、固定的な性別役割分担意識に係る問題、あるいは配置に係る女性差別の問題としてとらえることが適当である」とされており、ジェンダー・ハラスメントをセクハラとは区分し別の問題として捉えています。

このように、セクハラの概念の中にジェンダー・ハラスメントを含めるか否かについて議論があるにせよ、ジェンダー・ハラスメント自体が女性差別の問題となることに変わりはありません。特に、性に関する固定観念や性別役割分担意識に基づくジェンダー・ハラスメントによる差別などがセクハラの温床になることから、セクハラと同様に解消すべきものと考えられています。

また、近年マイノリティの問題も社会的にいろいろと取り上げられるようになってきています。マイノリティへの差別として「ホモ」「おかま」「おとこ女」「気持ち悪い」などの言葉による暴力についても、「男らしさ」「女らしさ」など性別規範に沿わないという理由で差別することは、ジェンダーによる差別となります。

こうしたハラスメントを直接受けている人がＬＧＢＴである場合は、その人の存在そのものに対する重大な攻撃となり、「ハラスメント」となります。また、ＬＧＢＴ以外の人に対するそうした言葉も、間接的にであれＬＧＢＴの人たちに対するハラスメントとなります。

「ジェンダー・ハラスメント」は、いじめの対象とされた人がＬＧＢＴであろうがなかろうが、「男らしくない人」「女らしくない人」を「人」と思わない気持ち、つまり差別意識に基づいているものであるという点で差別となります。

(2) モラル・ハラスメント（モラハラ）

フランスのイルゴイエンヌの提唱により知られるようになった言葉で、「言葉や態度、身振りや文書などによって、働く人の人格や尊厳を傷つけたり、肉体的、精神的に傷を負わせて、その人間が職場を辞めざるを得ない状況に追い込んだり、職場の雰囲気を悪くさせること」とされています。

肉体的な暴力ではなく、言葉や身振り、態度などで他人の人権や尊厳を侵害することを指します。パワハラが上司・部下など雇用上の立場や力が背景となっていることに対して、同僚や男女の間など、力関係や立場とは関係なく起きる「精神的ないじめ」が対象となります。

日本でも、モラル・ハラスメントを原因としたタレントの離婚問題がマスコミで取り上げられるなど、話題となりました。精神的な嫌がらせということで、セクシュアル・ハラスメントやパワー・ハラスメントで括りきれない広義のハラスメントという理解が一般的です。

いわゆる「いじめ、精神的虐待・暴力」は、悪意を持って意図的に行われることが前提となりますが、「モラル・ハラスメント」では、指導・教育などと関連して、積極的に悪意を意識せず、自覚なしにハラスメントを行っている場合もあります。

外傷等が残るため顕在化しやすい肉体的な暴力と違い、言葉や態度等によって行われる精神的な暴力は、見えづらいため長い間、表現されずにきました。しかし、「モラル・ハラスメント」という言葉が定義されたことより、これまで「いじめ」等としては認識されづらかったハラスメント行為が、精神的な暴力として社会に認識されるようになりました。特にヨーロッパを中心とした海外では、近年、これらのハラスメント行為に対する法律も整備されてきています。

(3) エイジ・ハラスメント

アメリカではすでに法規制が行われ、大きな話題になっているのがこのエイジ・ハラスメントです。これは、エイジ（age）つまり年齢を理由にしたハラスメントのことです。もともと、日本は年齢でさまざまな区切りをする社会で、求人なども「35歳まで」「60歳まで」などと表記されることが当然のように行われてきました。よく考えてみれば、仕事上あまり必要ないのに年齢制限が設けられていたりすることも多く、慣例的に行われているため、「ハラスメントだ」と言われても、あまり不自然に感じないかもしれません。

　しかし、公平と平等を重んじるアメリカでは、採用の際はもちろん、特段の理由がない限り年齢を確認しないことは当然と考えられています。日本でも社会の高齢化が進み、65歳は当然として、70歳を過ぎてもなお現役で活躍する高齢者が増えると予想されます。人生１００年時代などと言われ、年金の受給年齢の引き上げが議論されるなか、年齢規制を取り払ってエイジ・ハラスメントを取り締まる法律を設ける動きが出てくるかもしれません。

⑷　アルコール・ハラスメント（アルハラ）

　アルコール・ハラスメントとは、飲酒に関連した嫌がらせ行為や迷惑行為を指す言葉です。職場や大学などの上下関係や場の雰囲気などを利用して、イッキ飲みを強要することや、体質や健康状態を考慮せずに酔いつぶれるほど飲酒を勧める行為などが該当します。また、飲酒で酩酊《めいてい》状態にある者による暴力や暴言なども含まれます。

　アルコールに関する嫌がらせという意味とハラスメントを組みあわせた和製英語として広まりました。ＮＰＯのＡＳＫ《アスク》（アルコール薬物問題全国市民協会）は、アルコール・ハラスメントの具体例として以下の5項目をあげています。①飲酒の強要、②イッキ飲ませ、③意図的な酔いつぶし、④飲めない人への配慮を欠くこと、⑤酔ったうえでの迷惑行為。

大学の新入生歓迎会やサークルの飲み会などで急性アルコール中毒による死亡事故が相次いだことからイッキ飲みが問題視されて話題になりましたが、近年では、職場での飲酒の強要がパワー・ハラスメントに当たるとの裁判もあり、広くアルコール・ハラスメントという言葉が使われるようになってきています。

(5) スモーク・ハラスメント

スモーク・ハラスメントとは、職場などにおいて自己の意思に反して喫煙者が非喫煙者に対して喫煙することを強制したり、非喫煙者がたばこの煙にさらされるなどで苦痛を感じさせられる、いわゆる「喫煙に関する嫌がらせ行為」を意味する日本語の造語です。職場での業務中など、上司の喫煙の勧めを拒否できなかったり、受動喫煙を避けられない状況を強いられるような、喫煙にまつわるハラスメント行為全般を意味しています。極端な場合は、嫌がらせの一種としてパワー・ハラスメントの範疇に含まれるケースもあります。

すでに、関連する裁判も多くあり、①社内の分煙を会社側に求めたが認められなかったので労働基準監督署に通告したところ、会社側から突然の異動と解雇を言い渡されたとして裁判を起こし、700万円の慰謝料と解雇取り消しを求めたケース、②受動喫煙の影響で体調を崩したため社長にベランダでの分煙を求めたところ解雇されたため裁判を起こし、解雇取り消しと未払い賃金の支払いを求めたケース、などがよく知られています。いずれも解雇の取り消しを命じる判決が下されています。

⑹ スメル・ハラスメント（スメハラ）

近年、夏場になると決まって話題になるハラスメント、それがスメル・ハラスメント、略してスメハラなどと呼ばれているものです。臭いが周囲にもたらす不快感を指し、いわゆる臭いを気にする人たちによって多用される言葉です。対象となる臭いは、体臭や口臭、更には香水、柔軟剤の臭いまで幅広く、最近は芳香剤も受け入れられない無臭派と言われる人たちの存在もいわれています。

㈱マンダムの調査によれば、「職場のみだしなみ」で「どうにかして欲しいこと」の過去連続3年1位が「ニオイ（体臭）」だといいます。そうした臭いが頭痛やめまいを引き起こしたり、その臭いで仕事に専念できないなどという苦情や訴えが確かに増えています。職場では時にそれが理由で退職するという深刻な問題も起きていることなどから、無視できないテーマとなってきています。

通勤電車や買い物など個人的な行動範囲で起きる場合には、一時的で回避行動も可能ですが、職場となると深刻です。その場から逃げ出すこともできないし、まして相手が上司や隣席の同僚だったりすれば最悪なことになります。

しかし、こうした臭いについては、受け止める側の個人差もあり、臭いを発している本人はまったく無自覚であることも多いので、扱いの難しいことが特徴です。特にわきがなどは、自分の臭いとは長年の付き合いで「嗅覚の鈍化」が起きてしまい自覚するのが難しいとも言われています。

こうした受け止め方に個人差の大きいスメハラですが、ハラスメントを苦しめること、悩ませること、迷惑行動という広義でとらえるとすれば、ハラスメントに該当することになります。しかし、ハラスメントと言えるとしても、そこに悪意がないことや、本人がまったく無自覚であるケースが多いこと、受け取る側にも多様な感覚があることも含めて考えると、依然として悩ましいテーマです。

3 ハラスメントはなぜ起きるのか

(1) 無自覚なことが問題

「ハラスメント」そのものの本来の意味は「悩ませること、迷惑なこと」であり、概念としては「他人に対する発言や行動などが、本人の意図には関係なく、相手を不快にさせたり、尊厳を傷つけたり、不利益を与えたり、脅威を与えること」をいうものです。こうした言動をハラスメントとして取り上げる理由は、相手に悪意がないだけ、NOと言いづらかったり、立場や地位が絡むことでNOと言いづらい状況に対して、嫌なことは嫌と言える環境を作り出し、お互いにNOと言いあえる環境を作り出すことが目的になります。

そもそもハラスメントは、お互いに迷惑しているが、なかなか言いだしづらいというコミュニケーション・ギャップを原因として起こりますから、コミュニケーションの必要な場面ではどこでも生じる可能性があるといえます。そう考えれば、今後もハラスメントといわれることは確実に増えるだろうと思われます。

近年のSNSの急激な普及が示すように、コミュニケーションの手段や内容は時代や社会を反映して変化していきます。したがって、そうしたコミュニケーションの手段や内容の変化を反映するものと考えてもいいでしょう。

この問題のやっかいといってもいい特徴は、すでに触れてきたように、①行為者が無自覚のことが多い、②受け止める側にも個人差があることです。つまり、他者に対する発言や行動が、本人の意図に関係なく、相手を不快にさせたり、尊厳を傷つけたり、不利益や脅威を与えたりするということです。

従来の暴力やいじめは、意図的に行われるケースがほとんどですが、「ハラスメント」の加害者はまったく「ハラスメントをしている」という意識を持っていないということもあります。単なる親しさやコミュニケーションのつもりだったということも多いのです。しかし、受け手が「相手から精神的苦痛を受けた」と思ったら、それはハラスメントということになります。これが、ハラスメントの特徴です。

つまり、加害者は「ハラスメントをしている」という意識を持つことなく、単なるスキンシップやコミュニケーションのつもりだった、ということも多いのです。そこで、常に相手の立場に立ち、気持ちを想像しながらコミュニケーションをとれば、ほとんどのハラスメントは避けることができるということが基本になります。

(2) 背景にある職場環境の変化

近年〝職場のいじめ〟がパワー・ハラスメントと言われることで、にわかに社会問題化する傾向をみせています。しかし、誰もが感じているように、これは決して最近になって起こったことではなく、昔からある問題です。その意味ではまさに〝古くて新しい問題〟なのだといえます。

しかも、パワハラといわれる〝いじめ〟は、学校なども含めて、職場にかぎらずありとあらゆる集団に起こりうる人間関係の軋轢現象の一つであるといってもいいでしょう。だから、最近になって、特に〝職場のいじめ〟がクローズアップされてきたことには、職場の人間関係のそれなりの変化が背景となっていることが考えられます。

「何がパワハラだ」とか、「何でもかんでもパワハラではやっていられない」などの反発の背景には、「これまではあまり問題にならなかったのになぜ」とか「これまでの叱責とパワハラは、何がどのように違うのか」という共通の疑問があります。とくに、自らが厳しい指導を受けてきた経験を重ね合わせる管理職層にはその思いは強いものといえます。

そうした人たちの感覚では、これまでは「馬鹿野郎」「この野郎」は当たり前で、時には「辞めてしまえ」とか「役立たず」という罵声の飛ぶ職場も普通でした。それがなぜ、自分たちが指導する立場になった今、問題になってきたのかという疑問であり、不満でもあると言えます。

自分たちはそうした教育を受けてきたのに、自分たちが教える段階になったとたんにパワハラなどと言われて戸惑っているということなのでしょう。そして、その反発が時には「今時の若い連中は軟弱だ」とか「打たれ弱い」とか「甘ったれている」という言い方にもなりがちです。

確かにそのレベルの反発や愚痴で済んでいれば、これまでも幾度か繰り返されてきた世代論の範囲内のことであり、年配者のボヤキの典型的なパターンの一つとも言えるでしょう。しかし、職場での叱責がメンタル不全を引き起こしたり、突然の退職行動となって、職場の大きなトラブルになるとなれば話は別です。

つまり、これまでもよく見慣れた職場の風景の一つであるうちはいいのですが、現在問題となっているパワー・ハラスメントは、それを超える、もしくはそうした範囲に収まりきれない事象が問題になりはじめてきているのだといってもいいでしょう。

労働災害での職場における心理的負荷評価表の見直し等に関する検討会も、その報告書で見直しの必要性について「近時の精神障害等に係る労災請求件数の増加と相まって、業務による様々な心理的負荷を受けたとして労災請求に至るケースが増加しており、個別事例において、職場環境の多様化等による、業務の集中化による心理的負荷、職場でのひどいいじめによる心理的負荷など、新たな心理的負荷が生ずる事案が認識されている現状にある。判断指針における職場における心理的負荷評価表は、これら新たに生じる出来事を含め、社会の変化等に応じ、適切に客観的に評価することができることが望ましい」としています。

さて、そこで問題にしなければならないことは、報告書がパワハラなどが起きる背景として指摘している「職場環境の多様化」です。労働災害を増加させている原因として指摘されている「職場環境の変化」の内容とはいったいどのようなものなのかということです。

比較的これまでは変化がないといわれてきた職場環境が、近年大きな変化を遂げたことが指摘されています。しかし、10年ぶりといわれる労働災害の認定基準の見直しが必要なほどの職場の変化ということになれば、ただごとではありません。ここで問題にしようとしているパワー・ハラスメントとは、まさにこの職場に起きている大きな環境変化によってもたらされている現実なのだと言えます。

たしかに労働災害に発展したパワハラ事件の一つ一つに目をこらしてみると、今日的な職場の環境変化こそがパワー・ハラスメントの原因であることが分かります。たとえば、典型的には、パート、アルバイト、派遣、契約社員といった非正規雇用労働者の多い職場では、そうした人たちに問題が集中して起きます。更にリストラが至上命題となっている職場では、リストラ要員とされる人たちに向けられたパワー・ハラスメントが問題になります。

そうした目に見える職場環境の変化がなくとも、成果主義や業績主義を強める職場では、仕事のスピードが上がり、ミスに厳しいことをめぐるパワハラトラブルが増えています。また、そこに生み出される過度な競争意識は、職場の協調性を失わせて、相互の足の引っ張り合いでパワハラが表面化します。

いずれにせよ、パワー・ハラスメントは、こうした職場環境の変化から生み出される職場の人間関係の悪化の結果であることは間違いなさそうです。つまり、近年の職場環境の変化が個々人の人間関係に変化をもたらし、それが原因でパワー・ハラスメントと言われる事象が多発しはじめてきているということです。

そうであるとすれば、職場の人間関係を悪化させている原因を探らなければ有効な対処ができないことは明らかです。さらに言えば、現象だけにこだわって、行為者、被害者だけに注目して特性をいろいろとあげつらってみても、そこには有効な対処法は出てこないということになります。

言いかえれば、背景に時代の変化に伴う職場環境の変化がある以上、パワー・ハラスメントを個人的な問題としてとらえて、特殊個人的な事情によって起こされるものと考えているかぎり、その本質は見えてこないということです。

その意味では、パワー・ハラスメントが個人の問題として扱われる時代から、職場環境の問題、労務管理として扱われるべき時代に入ったともいっていいでしょう。

2章

ハラスメントは法律にどう規定されているか

1 ハラスメントと法律の関係

最近、パワハラやセクハラに関する問題がメディアで大きく取りざたされるようになりました。問題を起こせば、職場での懲戒対象になることはもちろん、場合によっては裁判に発展するケースもありますので、決して他人ごととは言えなくなっています。しかし、パワハラやセクハラも、パワハラ罪やセクハラ罪といった直接に規制する法律があるわけではありません。

すでに見てきたように、多くのハラスメントがありますが、法律的に考えると、それらが〝違法〟になるのかどうかは、ケースバイケースです。そこで、ハラスメントは一体どのような法に触れる可能性のあるのか、違法な行為とは一体どのようなものかについて知っておくことは大切です。

まず、学校現場で起きることが考えられるハラスメントに関する法律についてみていくことにします。

(1) 学校には職場（教育）環境を良好に保つ義務があります

パワハラやセクハラに対しては、職場環境配慮義務違反により、損害賠償を求めて民事で訴訟を起こすことが可能です。その根拠となるのは、使用者は労働者に対して次のような義務を負っていると法律で定められているからです。

■労働契約法第５条（職場環境配慮義務）

「使用者は、労働契約に伴い、労働者がその生命、身体等の安全を確保しつつ労働することができるよう、必要な配慮をするものとする。」

ここでいう「使用者は労働者に対して良好な職場環境を用意する必要がある」ということは、危険防止という物理的な「職場環境」だけではなく、精神的な危険も含まれています。つまり、心理的ないじめや脅かし、仲間はずれなどは「生命、身体等の安全」が脅かされることになるため、使用者はこれらの危険に対し、適切な措置をとる必要があります。

したがって、もし学校がこの責務を果たさず、あるいは、危険性があるにもかかわらず放置するなど軽率に扱って職員にハラスメント被害が発生した場合、職場環境配慮義務違反〈債務不履行責任〈民法第415条〉〉として、使用者はその責任を問われます。

■民法第715条（使用者責任）

さらに、使用者として、民法第715条の使用者責任という義務も負っています。したがって、場合によっては、その義務違反の責任が問われ、損害賠償の責務を果たさなければなりません。

民法第715条は「ある事業のために他人を使用する者は、被用者（教員）がその事業の執行について第三者に加えた損害を賠償する責任を負う」と定めています。

(2) 暴力沙汰などは刑事責任が問われます

パワハラ、セクハラは刑事裁判に発展する可能性も持っています。殴る、蹴る、ものを投げつけるなどの行為、インターネットの掲示板などに特定の人を誹謗中傷するような書き込み行為、身体や自由、名誉、財産などに危害を加えようとした言動や脅し行為などによって刑法に触れる可能性があります。

■刑法第204条（傷害）

「人の身体を傷害した者は、15年以下の懲役又は50万円以下の罰金に処する。」

■刑法第208条（暴行）

「暴行を加えた者が人を傷害するに至らなかったときは、2年以下の懲役若しくは30万円以下の罰金又は拘留若しくは科料に処する。」

(3) セクハラ、パワハラは刑事責任が問われます

また、セクハラは行為の程度によっては、強制性交等罪、強制わいせつ罪などの刑法犯罪となることがあります。また、パワハラも刑法に問われることがあります。セクハラ、パワハラ問題で加害者が刑事責任を追及される可能性がある法律は以下のようなものです。

■刑法第223条（強要罪）

「生命、身体、自由、名誉若しくは財産に対し害を加える旨を告知して脅迫し、又は暴行を用いて、人に義務のないことを行わせ、又は権利の行使を妨害した者は、3年以下の懲役に処する。」

■刑法第230条（名誉毀損罪）

「公然と事実を摘示し、人の名誉を毀損した者は、その事実の有無にかかわらず、３年以下の懲役若しくは禁錮又は50万円以下の罰金に処する。」

■刑法第２３１条（侮辱罪）

「事実を摘示しなくても、公然と人を侮辱した者は、拘留又は科料に処する。」

(4)「パワハラ防止法」「男女雇用機会均等法」「育児・介護休業法」「労働基準法」などの違反になります

法規制がされることになったハラスメントには、いずれもが事業主に「措置義務」を課しています。「措置義務」とは、雇用管理上必要な措置を講ずることを義務付け、対策が講じられず、是正指導にも応じない場合、「企業名公表」の対象となります。また、紛争が生じた場合、関係当事者であれば、事業主からも「調停」など紛争解決の援助を申し出ることができるというものです。

■民法第７０９条（不法行為）

「故意又は過失によって他人の権利又は法律上保護される利益を侵害した者は、これによって生じた損害を賠償する責任を負う。」

こうした手段で解決を促進するとともに、その措置義務違反が不法行為に問われる可能性を高めることで、抑止効果が期待されています。

繰り返しますが、法規制がされることになった「パワハラ」「セクハラ」「マタハラ」は、いずれも法律で措置義務が求められています。「措置義務」とは、「雇用管理上必要な措置を講ずることを事業主に義務付け、対策が講じられず是正指導にも応じない場合、「企業名公表」の対象となるとともに、紛争が生じた場合、関係当事者であれば、事業主からも男女労働者からも「調停」など紛争解決の援助を申し出ることができる」（均等法関係）とされるものです。

それぞれについての詳細はあらためて触れますが、例えばセクハラに関連する法律は、男女雇用機会均等法によって定められています。特に、均等法第11条は、職場において行われる性的な言動に対し、事業主は「当該労働者からの相談に応じ、適切に対応するために必要な体制の整備その他の雇用管理上必要な措置を講じなければならない」と述べています。具体的には、職場内で行われるセクハラ行為に違法性があり、加害者の故意または過失によって被害者に損害が発生した場合は、不法行為（民法７０９条）が成立して、損害賠償責任が発生することになります。

このように、民事、刑事の両面から裁かれる可能性のあるパワハラ、セクハラ。最近ではますます両者に対する社会の目が厳しくなっています。被害者になったら、被害が深刻化する前に、なるべく初期段階で対処することが必要です。一人で抱え込まず、なるべく早く周囲に相談するなどして適切な対策を講じることが解決につながります。

また、行為者もパワハラやセクハラを起こさないことはもちろんですが、万が一行為者となってしまった場合には、重大事件に発展させないため、早期に事実を認め、謝罪するなどの対応が大切です。

2 ハラスメントと法規制

ハラスメントは言葉の広がりとは別に、依然としてわかりにくい概念であることは間違いありません。とはいえ、迷惑というレベルを超えてハラスメントが重大な人権侵害になるということで、幾つかのハラスメントが法規制されることになりました。様々なハラス

図1　ハラスメントと法規制

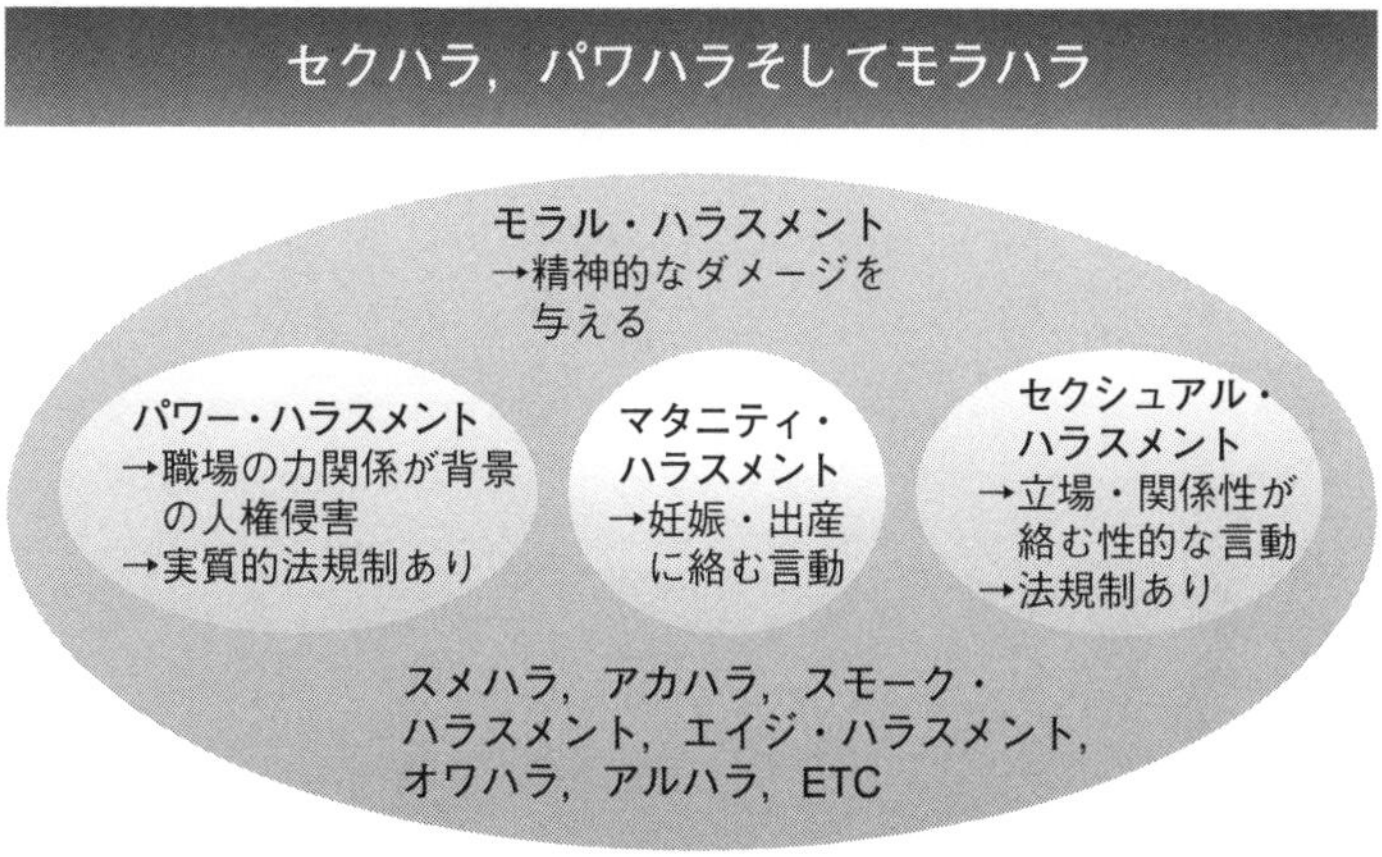
セクハラ，パワハラそしてモラハラ
モラル・ハラスメント
→精神的なダメージを与える
パワー・ハラスメント
→職場の力関係が背景の人権侵害
→実質的法規制あり
マタニティ・ハラスメント
→妊娠・出産に絡む言動
セクシュアル・ハラスメント
→立場・関係性が絡む性的な言動
→法規制あり
スメハラ，アカハラ，スモーク・ハラスメント，エイジ・ハラスメント，オワハラ，アルハラ，ETC

メントがいわれるようになっていますが、そのハラスメントと法律の関係を整理してみたのが**図1**です。

中央の三つの円に囲まれた「パワハラ」「マタハラ」「セクハラ」は、単に悩まされることや迷惑だという枠組みを超えて、すでに法律になっているものです。そして、下段にまとめて書いてあるものは、そうしたものに対して予備軍をなす「ハラスメント」といえるものです。

以下では、それぞれの法律でイメージされているハラスメントとは何かについて見ていくことにします。

(1) パワー・ハラスメント

令和元年、職場でのパワー・ハラスメント（以下「パワハラ」という）の防止に向けた、いわゆるパワハラ防止法（労働施策総合推進法の改正、以下「パワハラ防止法」という）が成立しました。防止法の柱は、パワハラの定義と事業主のパワハラ予防に向けた措置義務です。

そして、こうした法改正を受けて令和2年1月15日、「事業主が職場における優越的な関係を背景とした言動に起因する問題に関して雇用管理上講ずべき措置等についての指針」（以下「指針」という）が公表されました。

以下では、そうした指針の内容などから、パワハラとは何かを具体的に見ていくことにします。

①パワー・ハラスメントとは何か

「パワー・ハラスメントとは何か」について指針は、「職場において行われる①優越的な関係を背景とした言動であって、②業務上必要かつ相当な範囲を超えたものにより、③労働者の就業環境が害されるものであり、①から③までの要素を満たすものをいう。」としています。

そして、それぞれの言葉の解釈としては次のような点を挙げています。

■**「職場」**：事業主が雇用する労働者が業務を遂行する場所。当該労働者が通常就業している場所以外の場所であっても、当該労働者が業務を遂行する場所については、「職場」に含まれる。

■**「労働者」**：いわゆる正規雇用労働者のみならず、パートタイム労働者、契約社員等いわゆる非正規雇用労働者を含む事業主が雇用する全ての労働者。

■**「優越的な関係を背景とした」言動**：当該事業主の業務を遂行するに当たって、当該言動を受ける労働者が行為者に対して抵抗又は拒絶することができない蓋然性が高い関係を背景として行われるもの。例えば、以下のもの等が含まれる。

・職務上の地位が上位の者による言動

・同僚又は部下による言動で、当該言動を行う者が業務上必要な知識や豊富な経験を有しており、当該者の協力を得なければ業務の円滑な遂行を行うことが困難であるもの

・同僚又は部下からの集団による行為で、これに抵抗又は拒絶することが困難であるもの

■「**業務上必要かつ相当な範囲を超えた」言動**：社会通念に照らし、当該言動が明らかに当該事業主の業務上必要性がない、又はその態様が相当でないもの。例えば、以下のもの等が含まれる。

・業務上明らかに必要性のない言動
・業務の目的を大きく逸脱した言動
・業務を遂行するための手段として不適当な言動
・当該行為の回数、行為者の数等、その態様や手段が社会通念に照らして許容される範囲を超える言動

また、この判断に当たっては「様々な要素（当該言動の目的、当該言動を受けた労働者の問題行動の有無や内容・程度を含む当該言動が行われた経緯や状況、業種・業態、業務の内容・性質、当該言動の態様・頻度・継続性、労働者の属性や心身の状況、行為者との関係性等）を総合的に考慮することが適当。その際には、個別の事案における労働者の行動が問題となる場合は、その内容・程度とそれに対する指導の態様等の相対的

な関係性が重要な要素となることについても留意が必要。このため、個別の事案の判断に当たっては、相談窓口の担当者等がこうした事項に十分留意し、丁寧に事実確認等を行うことが重要」としています。

■**「就業環境を害すること」**：当該言動により労働者が身体的又は精神的に苦痛を与えられ、労働者の就業環境が不快なものとなったため、能力の発揮に重大な悪影響が生じる等当該労働者が就業する上で看過できない程度の支障が生じること。この判断に当たっては、「平均的な労働者の感じ方」、すなわち、同様の状況で当該言動を受けた場合に、社会一般の労働者の多くが、就業する上で看過できない程度の支障が生じたと感じるような言動であるかどうかを基準とすることが適当。

②パワハラに当たるかどうかの判断

職場におけるパワー・ハラスメントは、上記の①から③までの要素を全て満たすものを言いますが、個別の事案について職場におけるパワー・ハラスメントの該当性を判断するに当たっては、「業務上必要かつ相当な範囲を超えた」言動で総合的に考慮することとした事項のほか、「当該言動により労働者が受ける身体的又精神的な苦痛の程度等を総合的に考慮して判断することが必要」としています。

その上で、「職場におけるパワーハラスメントの状況は多様であるが、代表的な言動の類型としては、以下のものがあり、当該言動の類型ごとに、典型的に職場におけるパワーハラスメントに該当し、又は該当しないと考えられる例としては、次のようなものがある」として、以下の具体的な事例が示されています。

そして、個別の判断に当たっては、「個別の事案の状況等によって判断が異なる場合もあり得ること、また、次の例は限定列挙ではないことに留意が必要。なお、職場におけるパワーハラスメントに該当すると考えられる以下の例については、行為者と当該言動を受ける労働者の関係性を個別に記載していないが、優越的な関係を背景として行われたものであることが前提である」としています。

■身体的な攻撃（暴行・傷害）

〈該当すると考えられる例〉

・殴打、足蹴りを行うこと。・相手に物を投げつけること。

〈該当しないと考えられる例〉

・誤ってぶつかること。

■精神的な攻撃（脅迫・名誉棄損・侮辱・ひどい暴言）

〈該当すると考えられる例〉

・人格を否定するような言動、発言を行うこと。相手の性的指向・性自認に関する侮辱的な発言を行うことを含む。

・業務の遂行に関する必要以上に長時間にわたる厳しい叱責を繰り返し行うこと。

・他の労働者の面前において大声での威圧的な叱責を繰り返し行うこと。

・相手の能力を否定し罵倒するような内容の電子メール等を、当該相手を含む複数の労働者宛てに送信すること。

〈該当しないと考えられる例〉

・遅刻など社会的ルールやマナーを欠いた言動が見られ、再三注意してもそれが改善されない労働者に対して強く注意をすること。

・その企業の業務の内容や性質等に照らして重大な問題行動を行った労働者に対して、一定程度強く注意をすること。

■人間関係からの切り離し（隔離・仲間外し・無視）

〈該当すると考えられる例〉

・自身の意に沿わない労働者に対して、仕事を外し、長期間にわたり別室に隔離したり、自宅研修させたりすること。
・一人の労働者に対して同僚が集団で無視をし、職場で孤立させること。

〈該当しないと考えられる例〉
・新規に採用した労働者を育成するために短期間集中的に別室で研修等の教育を実施すること。
・懲戒規定に基づき処分を受けた労働者に対し、通常の業務に復帰させるために、その前に、一時的に別室で必要な研修を受けさせること。

■過大な要求（業務上明らかに不要なことや遂行不可能なことの強制・仕事の妨害）

〈該当すると考えられる例〉
・長期間にわたる、肉体的苦痛を伴う過酷な環境下での勤務に直接関係のない作業を命ずること。
・新卒採用者に対し、必要な教育を行わないまま到底対応できないレベルの業績目標を課し、達成できなかったことに対し厳しく叱責すること。
・労働者に業務とは関係のない私的な雑用の処理を強制的に行わせること。

〈該当しないと考えられる例〉
・労働者を育成するために現状よりも少し高いレベルの業務を任せること。
・業務の繁忙期に、業務上の必要性から、当該業務の担当者に通常時よりも一定程度多い業務の処理を任せること。

■過小な要求（業務上の合理性なく能力や経験とかけ離れた程度の低い仕事を命じることや仕事を与えないこと）

〈該当すると考えられる例〉
・管理職である労働者を退職させるため、誰でも遂行可能な業務を行わせること。
・気にいらない労働者に対して嫌がらせのために仕事を与えないこと。

〈該当しないと考えられる例〉
・労働者の能力に応じて、一定程度業務内容や業務量を軽減すること。

■個の侵害（私的なことに過度に立ち入ること）

〈該当すると考えられる例〉
・労働者を職場外でも継続的に監視したり、私物の写真撮影をしたりすること。
・労働者の性的指向・性自認や病歴、不妊治療等の機微な個人情報について、当該労働者の了解を得ずに他の労働者に暴露すること。

〈該当しないと考えられる例〉

・労働者への配慮を目的として、労働者の家族の状況等についてヒアリングを行うこと。

・労働者の了解を得て、当該労働者の性的指向・性自認や病歴、不妊治療等の機微な個人情報について、必要な範囲で人事労務部門の担当者に伝達し、配慮を促すこと。

なお、個の侵害に該当すると考えられる例の2つ目のような事例が生じることのないよう、こうした機微な個人情報に関してはその取扱いに十分留意をするよう労働者に周知・啓発することが重要である。

(2) セクシュアル・ハラスメント

セクシュアル・ハラスメント、略して「セクハラ」という言葉は、今や知らない人がいないくらい社会に定着し、日常用語としても使われています。しかし、言葉自体の理解とは別に、その本当の意味での理解はどこまで進んでいるのかについては疑問が多いと言えます。

近年でも、官僚や政治家のセクハラ発言が問題になったり、言葉のセクハラが最高裁まで争われたことが大きな話題になっています。そして、話題になるたびに、相も変わらず「そんなつもりはなかった」「いったい、どこがセクハラなのか」など様々な疑問が繰り返されています。

そこで以下では、あらためてセクハラの定義や種類、そして判断基準について簡単に整理しておくことにします。

①セクシュアル・ハラスメントとは何か

セクシュアル・ハラスメントは、雇用機会均等法第11条に「職場において行われる性的な言動に対するその雇用する労働者の対応により当該労働者がその労働条件につき不利益を受け、又は当該性的な言動により当該労働者の就業環境が害されること」と定義されています。

この定義によれば、セクハラとは、「職場」において行われる、「労働者」の「意に反する」「性的な言動」に対する労働者の対応により、労働条件について不利益を受けたり、性的な言動により就業環境が害されることといえます。

パワハラ同様に、「職場」をはじめとする言葉については、次のように説明されています。

■「職場」とは、事業主が雇用する労働者が業務を遂行する場所を指し、労働者が通常就業している場所以外の場所であっても、労働者が業務を遂行する場所であれば「職場」に含まれます。

■「職場」の例としては、「取引先の事務所」「取引先と打合せをするための飲食店（接待の席も含む）」等のほか「顧客の自宅」「取材先」「出張先」「業務で使用する車中」などが挙げられます。また、勤務時間外の「宴会」などであっても、実質上職務の延長と考えられるものは「職場」に該当しますが、その判断に当たっては、職務との関連性、参加者、参加が強制的か任意かといったことを考慮して個別に行う必要があります。

■「労働者」とは、正規労働者のみならず、パートタイム労働者、契約社員などいわゆる非正規労働者を含み、事業主が雇用する労働者のすべてをいいます。また、派遣労働者については、派遣元事業主のみならず、労働者派遣の役務の提供を受ける者（派遣先事業主）も、自ら雇用する労働者と同様に、措置を講ずる必要があります。

■「性的な言動」とは、性的な内容の発言および性的な行動を指します。事業主、上司、同僚に限らず、取引先、顧客、患者、学校における生徒などもセクシュアル・ハラスメントの行為者になります。また、異性間だけでなく、女性労働者が女性労働者に対して行う場合や、男性労働者が男性労働者に対して行う場合についても含まれ、性的な少数者とされるLGBTの人たちの間でのセクハラも規制の対象となります。

「性的な言動」の例としては、「性的な内容の発言」では、性的な事実関係を尋ねること、性的な内容の情報（噂）を流布することなど、性的な冗談やからかい、食事やデートへの執拗な誘い、個人的な性的体験談を話すことなど、「性的な行動」では、性的な関係を強要すること、必要なく身体へ接触すること、わいせつ図画を配布・掲示すること、強制わいせつ行為、強姦などが代表的なものです。

②セクシュアル・ハラスメントの形態

「職場におけるセクシュアル・ハラスメント」の種類は一般的に「対価型」と「環境型」に分類されています。

■「対価型」セクシュアル・ハラスメント

対価型セクシュアル・ハラスメントとは「労働者の意に反する性的な言動に対する労働

者の対応（拒否や抵抗）により、その労働者が解雇、降格、減給、労働契約の更新拒否、昇進・昇格の対象からの除外、客観的に見て不利益な配置転換などの不利益を受ける」ことです。

典型的な例としては、事業主が労働者に対して性的な関係を要求したが、拒否されたため、その労働者を解雇すること、出張中の車中において上司が労働者の腰、胸などに触ったが、抵抗されたため、その労働者について不利益な配置転換をすること、事業主が日頃から労働者に係る性的な事柄について発言していたが、抗議されたため、その労働者を降格すること――などがあげられます。

■「環境型」セクシュアル・ハラスメント

「環境型」セクシュアル・ハラスメントとは、「労働者の意に反する性的な言動により労働者の就業環境が不快なものとなったため、能力の発揮に重大な悪影響が生じるなどその労働者が就業する上で看過できない程度の支障が生じる」ことです。

典型的な例としては、上司が労働者の腰、胸などに度々触ったため、その労働者が苦痛に感じて就業意欲が低下していること、同僚が取引先において労働者に係る性的な内容の情報を流布したため、その労働者が苦痛に感じて仕事が手につかないこと、事務所内にヌ

ードポスターを掲示しているため、その労働者が苦痛に感じて業務に専念できないこと
――などがあります。

③どのように判断するのか

判断基準として問題になるのは、「性的な言動」が受けた労働者にとって「意に反する」ものであったかどうか、「就業環境を悪化させる」ものであったかどうかが中心となります。現実に、セクシュアル・ハラスメントの発生する状況は多様であり、判断に当たり個別の状況を斟酌する必要があります。

また、「労働者の意に反する性的な言動」および「就業環境を害される」の判断に当たっては、労働者の主観を重視しつつも、事業主の防止のための措置義務対応などを考慮に入れて、次のような基準で判断します。

一般的には、意に反する身体的接触によって強い精神的苦痛を被る悪質な場合には、一回でも就業環境を害することに該当します。悪質なものは、「明確に抗議しているにもかかわらず放置された状態」または「心身に重大な影響を受けていることが明らかな場合」などであり、こうしたケースは就業環境が害されていると判断されます。

また、男女の認識の違いにより生じている面があることを考慮し、被害を受けた労働者が女性である場合には「平均的な女性労働者の感じ方」を基準とし、被害を受けた労働者が男性である場合には「平均的な男性労働者の感じ方」を基準とします。

近年、女性労働者に対するセクシュアル・ハラスメントに加え、男性労働者に対するセクシュアル・ハラスメントや同性に対するセクシュアル・ハラスメントの事案も見られるようになってきました。また、性的な少数者とされるＬＧＢＴの人たちの間でのセクシュアル・ハラスメントも禁止対象に含まれることになりました。

(3) マタニティ・ハラスメント

最高裁の「妊娠を理由に降格させたことは違法」という判決で俄然注目されることになったマタニティ・ハラスメントとは、妊娠・出産をした女性に対する職場の嫌がらせをいう和製英語です。

最高裁の判決を受けて、社会的に大きな話題となったマタハラ（マタニティ・ハラスメントの略）が、改正均等法で事業主の措置義務として法制化され、職場での具体的な課題となってきました。その背景には、少子化対策や妊娠・出産・育児などの責任を抱えて働く女性の権利についての理解が広まってきたことや、これからの本格的な労働力不足時代に向け、女性労働者の積極的活用に向けた企業の大きな意識変化が挙げられます。

現在、多くの働く女性が、第1子出産を機に退職しています。その理由の一つに、マタハラや妊娠・出産をすると働き続けにくい職場環境が挙げられます。妊娠・出産後に働き続けたいという女性が増え、企業側も女性活躍推進を進めることが求められる今日、マタハラ防止対策を講じることによって男女がともに働きやすい職場環境を作ることは組織にとって欠かせません。

①マタハラとは何か

マタニティ・ハラスメントの法規制の対象は、大きくは三本の柱からなっています。第一には、**図2**の左側の楕円に示される事業主の「不利益取扱い」に関する部分です。すでに触れた最高裁判決による妊娠・出産に係る「不利益取扱い」についての判断基準が明確になり、これまで曖昧だった「不利益取扱い」の要件が明確にされたことによるものです。

第二は、真ん中の楕円に示されるマタニティ・ハラスメント概念の明確化です。これま

図２　マタハラの法規制の対象

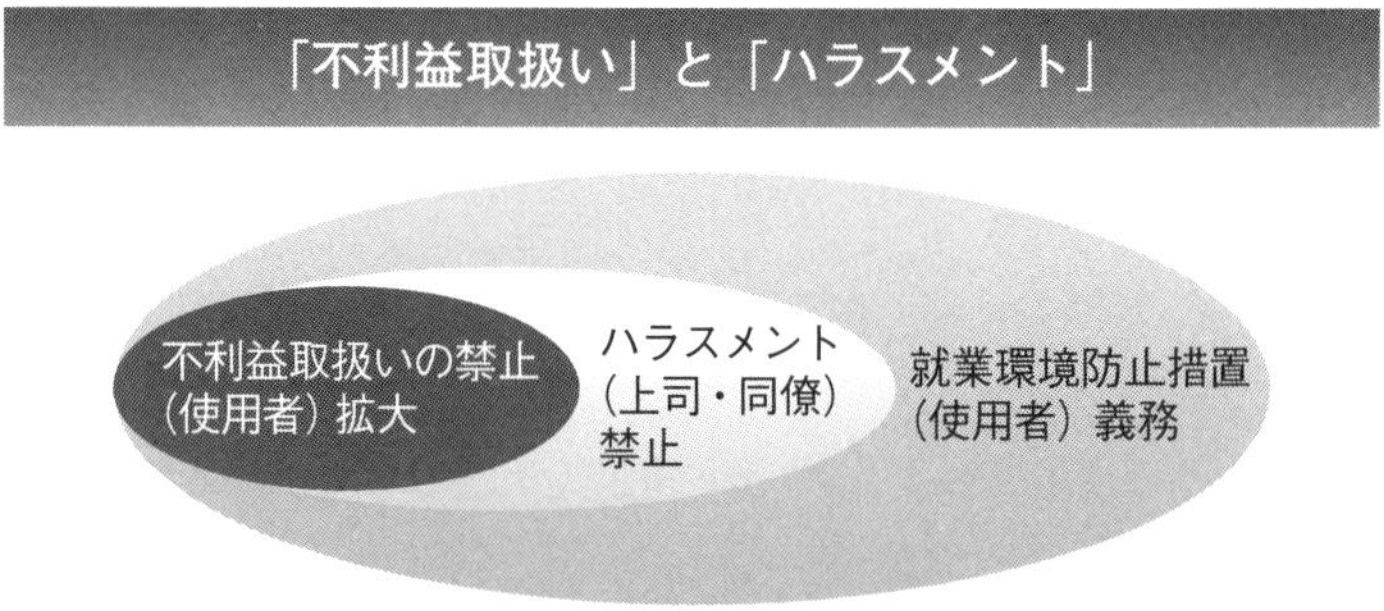

でも、妊娠・出産に係る嫌がらせなどは、ジェンダー・ハラスメントやセクシュアル・ハラスメントに該当するという言い方で様々に取り上げられていました。しかし、その内容についてはは明確ではありませんでした。そこで、その部分について「上司や同僚からのマタニティ・ハラスメント」という新たなハラスメント概念を示しました。

そして、第三は、右の楕円形で示した事業主の措置義務の部分です。これは、第二で示されたマタニティ・ハラスメントも含めて、防止が事業主の措置義務とされました。セクシュアル・ハラスメントと同じように、予防から発生時の対応まで、事業主は労務管理上の義務として対応することになります。

以下では、その三つの内容のポイントについて少し詳しく見ていくことにします。

②マタハラの判断基準

改正法により新たに防止措置が義務付けられた「上司・同僚による就業環境を害する行為」については、従来から禁止されていた事業主が行う「不利益取扱い」と区別し、「ハラスメント」という括りで整理がされました。「防止措置が必要となるハラスメント」については、「制度利用への嫌がらせ」と「状態に対する嫌がらせ」があります。

「制度利用への嫌がらせ」とは、①解雇その他不利益な取扱いを示唆するもの（上司に相談したことや制度の利用を請求したり、利用したことにより上司が解雇その他不利益な取扱いを示唆する）、②制度等の利用の請求又は制度の利用を阻害するもの（制度の利用を請求したところ上司が請求しないように言うことや同僚が繰り返し継続的に請求を取り下げるように言うこと）、③制度等を利用したことにより嫌がらせ等をするもの（制度を利用したところ、上司や同僚が繰り返し又は継続的に嫌がらせ等をすること）です。

「状態に対する嫌がらせ」とは、女性労働者が妊娠等したことにより、上司がその女性労働者に対し、解雇その他の不利益な取扱いを示唆することです。

以下では、そうしたハラスメントについての典型例を示しておきます。

③マタハラの該当例

■「解雇その他不利益な取扱いを示唆するもの」

・産前休業の取得を上司に相談したところ、「休みをとるなら辞めてもらう」と言われた。
・時間外労働の免除について上司に相談したところ、「次の査定の際は昇進しないと思え」と言われた。

■「制度等の利用の請求等又は制度等の利用を阻害するもの」

これは、妊娠・出産等に関わる制度を利用しようとすることに対して行われるハラスメントを規制するものです。

・育児休業の取得について上司に相談したところ、「男のくせに育児休業をとるなんてあり得ない」と言われ、取得をあきらめざるを得なくなっている。
・介護休業について請求する旨を周囲に伝えたところ、同僚から「自分なら請求しない。あなたもそうすべき」と言われた。「でも自分は請求したい」と再度伝えたが、再度同様の発言をされ、取得をあきらめざるを得ない状況に追い込まれた。

■「制度等を利用したことにより嫌がらせ等をするもの」

妊娠・出産などに関連して各種の保護制度を利用したことに対して行われるハラスメン

ト行為を規制するものです。

・上司・同僚が「所定外労働の制限をしている人に仕事はさせられない」と繰り返し又は継続的に言い、専ら雑務のみさせられる状況となっており、就業する上で看過できない程度の支障が生じている（意に反することを明示した場合に、さらに行われる言動も含む）。

・上司・同僚が「自分だけ短時間勤務をしているなんて周りを考えていない。迷惑だ」と繰り返し又は継続的に言い、就業をする上で看過できない程度の支障が生じる状況となっている（意に反することを明示した場合に、さらに行われる言動も含む）。

■「妊娠・出産等の状態への嫌がらせ」

妊娠をした時点から、妊婦は周囲から様々なハラスメントを受ける可能性があります。そこで、妊娠という状態に入った時点からハラスメントを受けないように、ハラスメントの言動を規制するものです。

・上司に妊娠を報告したところ「他の人を雇うので早めに辞めてもらうしかない」と言われた。

3章

学校現場では、どんなハラスメントが起きているか

——裁判例をもとに

学校現場で起きているハラスメントはまさに多様です。争いの当事者に注目した場合にも、管理職と教員の間で起きるものを筆頭に、教員同士、教員と生徒、生徒同士等校内で起きるものに限らず、保護者や地域住民との間でも起きることがあります。

こうした争いに対して裁判ではどのように判断が下されているのかを概観することで、学校現場でのハラスメントの実情を知り、教訓を得ることができます。どのようなハラスメントが、どのようなテーマで裁判沙汰に発展しているのかを、近年の裁判事例から見ていくことにしましょう。

争いの詳細について触れることは難しいので、当事者と争いのテーマに着目して、典型的な裁判例を取り上げ、ポイント解説をしていきます。その上で、現場で活用できるように、その事件からの教訓を若干整理しておきたいと思います。

なんといっても学校現場でのハラスメントの中心的な問題は、校長や副校長など管理職と教員の間で起きる教育・指導をめぐるハラスメントです。単純な暴言や暴行といったハラスメントから、教育指導上の考え方の違いが背景にある教育現場ならではのハラスメントもあります。

ここでは、校長による教員の能力判断をめぐるパワハラ発言や、日常的なパワハラ言動によってうつ病を発症した事例、そして今、社会的な問題にもなっている長時間労働と職場の管理職の安全配慮義務の事例を見ておきます。

1 管理職から教員へのパワハラが争われた事例

◆条件付採用教員の能力判断をめぐって（東京都教委免職処分等取り消し請求事件：東京地裁平成26年12月8日判決）

(1)　事件の概要

東京都の教員として採用され都立高校付属中学校に勤務していたXが、生徒指導に問題があるとして条件付採用期間中に授業観察を受けた。そして、1年間の条件付採用期間終了時に校長からの特別評価所見（「採用の可否」）で「否」とされ、その後免職処分を受けた。このことに対してXは、校長の不当な評価による都教育委員会の本件処分は裁量権を逸脱ないし濫用する違法な行為であり、さらに校長から違法なパワハラを受けていたとして慰謝料の支払いを求めた。

(2) 判断のポイント

①0点事件：Xはテストで0点を採った生徒の答案に「ある意味Great!」と記載し、笑顔のマークの入ったスタンプを押して返却したが、その際の生徒のおどけた態度をXが注意したためクラスが静まりかえり、生徒が泣く事態となった。主任が周囲の生徒から経緯を聞き、生徒本人から答案を受け取って他の主任に伝え、校長にも報告した。校長らはXから事情を聴き、その際校長がXを大声で厳しく叱責した。

②校長は0点事件を受けて、Xの授業観察を1か月実施することとした。授業観察に際し、校長は生徒らにXの授業遂行に問題があるから授業観察を行うこと、Xの指導に問題があれば他の先生に対して意見してほしいことを伝えた。

③授業観察中、次のような事項が確認された。ⓐXは練習問題を一人で解説して生徒に問題を解かせずに終えた。ⓑ副校長は、生徒がXの授業の問題点を指摘したメモを数学科の教諭から受け取った。ⓒ校長はXから観察授業の意味が分からないと言われ、Xの姿勢

が直らない限り教師としては失格であると感じた。ⓓ指導教員の主幹はXに総合的な学習の時間に関する課題の提出を指示し、提出内容に不備があったため再提出を求めたが、Xがこれに応じないなど不提出を繰り返したため、これ以上Xの指導はやりたくない旨校長に申し出た。

(3) 判決

Xの初任者研修について、①主幹が辞退してから指導教員が不在であったこと、②研修シラバスの作成に指導教員が参画していないこと、③授業以外の研修の時間数が足りないことなど、十分な初任者研修が行われていないにもかかわらず、単なるXの未熟な人格・態度をもって直ちにXが教員としての適格性を欠くと判断することは相当ではなく、校長の総合評価は、客観性を欠き、かつ不合理なものであった。それらにより校長が正式採用を「否」としたことは問題だが、違法なパワハラとまではいえない。

(4) 判決をどう生かすか

条件付採用教員の評価をめぐる争いは多くありますが、本件は校長が採否の決定に

「否」の結果を出したことが果たして妥当であったかどうかが争われ、新任教員の研修指導の不徹底を理由に、免職処分の取り消しがなされています。不採用という措置は否定されていますが、校長のそれらの行為がパワハラかどうか、違法な行為であったかどうか、職務上の行為としてはどうかについては、次のように判断されています。

①授業観察の実施については、0点事件におけるXの行為は教員として不適切なものであり、初任者であるXに対する指導方法については校長に一定の裁量があると考えられ、授業観察の実施は違法な行為には該当しない。

②主幹が初任者研修の指導教員を辞退した後に後任を指名しなかった校長の行為は不適切ではあったものの、契機はXの課題不提出という研修態度に起因するものであり、その後のXに対する指導がなくなったわけではない。問題は、Xに対する校長の否定的な評価があることだが、その評価自体は不当なものとまではいえない。

③Xの正式採用に校長が「否」としたのは、Xの教員としての行為に関するものであり、校長の個人的な悪感情に基づくものとはいえない。

個々の校長の行為や判断はパワハラとはいえないが、教員の教育指導に適切性を欠いていると判断されています。採否決定には学校側の研修などそれなりの努力が尽くされていることが必要で、

ることが必要で、そうした部分で不十分であったとの指摘がされています。

◆保護者とのトラブルや校長によるパワハラからうつ病に（甲府市立小学校教諭うつ病事件：甲府地裁平成31年1月15日判決）

(1)　事件の概要

Xは、校区内で実施される地域防災訓練に参加するため会場へ向かう途中、自身が担任する学級に所属する女子児童を訪問しようとして立ち寄ったところ、児童宅の庭において飼育されている甲斐犬に咬まれ、約2週間の加療を要する負傷をした。その事故の補償をめぐる保護者とのトラブルや校長からの叱責、それ以前のクラス指導の悩みなどにより、医師からうつ病と診断された。

(2)　犬咬み事故をめぐる保護者らとのトラブルの経緯

①Xは医師から、飼い犬が他人に危害を加えた場合に適用される傷害保険やペット保険に加入しているか確認してはどうかという助言を受け、電話で児童の母に問い合わせたと

ころ「保険には入っていない」との返答を受け、治療費はいくらかかったか尋ねられた。Xは、保険に入っていないのであれば仕方がないと思ったが、今後同じような事故が起きた場合のことを考え、旅行会社を経営していて保険に詳しいと思われる児童の母方の祖父に相談なさってみてはいかがでしょうかと話した。

②児童の父母は翌日の夜にX宅を訪れ、犬咬み事故について謝罪するとともに、治療費を支払わせてほしいと申し出たが、Xは気持ちだけで十分であるとしてこれを辞退した。しかし、帰り際にXの妻から「主人は学校の教員でもあり、けがをしたからといって普通の人のように怒ったりとか、言いたいことも言えないんですけども、そこはご理解いただきたい」と言われ、児童の父母はこれを、このような事故の場合、普通は補償をするものだという趣旨に捉えた。

③翌日の朝、Xは校長に、犬咬み事故について児童の父母がX宅を謝罪のために訪れ、円満に解決したことを報告した。しかし同日午後、校長は児童の父から、昨夜はXとの間で犬咬み事故の補償は不要ということで話は収まったが、脅迫めいたことを言われたので、校長を交えてXと話がしたいとの電話を受けた。そこで校長はXに対し、事故発生から前夜までの経緯をまとめた書面を作成するよう指示し、Xは児童の父母とのやり取りを報告

書にまとめ、校長に提出した。

④児童の父と母方の祖父（以下「保護者ら」という）が学校を訪れ、校長室において、校長及びXと面談した。保護者らは、前夜にX宅を訪問した際、帰り際に妻から「そうは言っても補償はありますよね」などと言われ、その口調や態度等から脅迫されていると感じ、児童の母が怖くて外に出られず床に伏せっていると言った。

児童の祖父は、校長から見せられた報告書に「賠償」という言葉が記載されていることに、「地域の人に教師が損害賠償を求めるとは何事か」と言ってXを非難した。そしてXに対し「強い言葉を娘に言ったことを謝ってほしい」と謝罪を求めた。校長は、児童の母に対するXの発言に行き過ぎた言葉があったとして、Xに対して保護者らに謝罪するよう求め、Xはソファから降りて床に膝を着き、頭を下げて（頭を床に着けたわけではない）謝罪した。

校長は保護者らが帰った後、翌日児童宅を訪問し、児童の母に謝罪するようXに指示した。

⑶　Xの精神的負荷に影響したと考えられるその他の校長の言動

①Xが担任となった6年生のクラスは、5年生時から規範意識に欠ける児童が多く指導が困難な状況にあり、登校日はほぼ毎日学級通信を発行するなどして児童らの指導に当たっていた。Xは、クリニックを受診した際に、担任している6年生のクラスが荒れておりその対応に追われていたと、仕事のストレスについて述べている。

Xが行った公務災害認定請求に対して、基金が当時の同小職員に質問調査を行ったところ、指導が極めて困難なクラスであったため、家庭や地域、社会教育機関と連携してきめ細かく経営を行い、多大な心配りが必要であったとの原告の申立てに対し、同僚らは、それは事実であるとし、Xがきめ細やかな指導をし、よく頑張っていたと高く評価する証言をしている。

②Xが置かれていた状況から、Xに対して周囲のサポートが必要であり、校長においても、きめ細やかなサポートをすることが求められていたといえる。校長は、山梨県教育委員会に提出した書面において、Xが精神的に負担を感じる日々であったことは、Xの日々の指導を見ていて認識していたので、Xとは他の誰よりも会話を増やして接し、関係機関の視察等では、常に「きめこまやかで、手厚い指導で今年はこどもたちも落ち着いて学習

しています」とXの活躍をアピールしていたと記載している。

③しかし校長は、ⓐ児童らがふざけてトイレットペーパーを首に巻いて遊んでいたのを発見し叱った後、教務主任に指示して、校内放送でXをトイレ前の廊下へ呼び出した（Xはそのとき、トイレのすぐ近くの6年生の教室にいた）、ⓑ6年生の児童が職員室に出入りした際、児童が出て行ったすぐ後で、児童にも聞こえるような大声で「6年は4月、5月にできなきゃぁならんことがまだできていない」などと怒鳴った。ⓒ全校集会等で体育館へ集合する際はクラスごとに担任が先導し、列を作って静かに入場するよう指導されていたが、体育館に入場しようとしていた6年生の児童らに対し入場をやり直すよう指導した後、入場してきた児童らに対して「やればできるじゃねえか」と言った。

校長による上記のような言動は、Xに対して直接向けられたものではないとしても、6年生に対する指導が不十分であることを他の教師又は児童の面前において公言されたとXが受け止めたことは理解できるものである。

(4)　裁判所の判断

以上のことから、Xと校長との間に信頼関係が形成されていたとはいえず、Xがうつ症状によりクリニックを受診するに至ったことについては、指導の困難なクラスの運営に当たったこととともに、校長との関係も影響しているとうかがわれるのであって、このような両者の関係性に照らすと、校長の言動はそれ自体がXに対して相当強度の精神的負荷を与えるものであったと認められる。

それに加えて、従前の両者の関係性に照らすと、当該言動は業務負荷分析表の「上司等から業務指導等の範囲を逸脱し、人格や人間性を否定するような嫌がらせ、いじめ、又は暴行を受けた場合」に類し、強度の精神的負荷を与えるものであったと認めるのが相当である。

(5) 判決をどう生かすか

本件では、校長のXに対する言動が強度の精神的負荷を与えるものであったと認められています。対応上の問題点を簡潔にあげると、以下の点が考えられます。

①保護者をなだめることで解決したいという思惑が先行して、Xの被害救済という視点が欠けており、公平性を欠いた対応となっている。

②校長のXに対する日ごろの不信が背景となっており、校長のXに対する先入観や思い込

みによる指導が問題視されている。
③うつ病の原因については、その直接的な事件だけでなく、背景となっている前後の事情や職場環境全体をみて判断される。
④労働災害の認定を不名誉なこととしてとらえ、それを回避したい校長の意向が問題にされている。

◆長時間労働と校長の安全配慮義務（教員の過労自殺事件：福井地裁令和元年7月10日判決）

(1)　事件の概要

教員Xは、本件中学に学習支援員、講師として勤務し、後に教員として採用された。Xは、長時間労働など過重な勤務の結果精神疾患を発症し、自殺するに至った。公務災害の認定をめぐって、校長の安全配慮義務違反による責任の有無が争われた。

本件は、近年話題となっている教員の長時間労働による過労死がテーマとなった裁判である。校長は時間外の勤務命令はしておらず、Xの自主活動による長時間労働が果たして労働時間にあたるのかどうか、使用者の安全配慮義務の範疇に属するのかどうかが争われた。

(2) 判決のポイント

①校長は時間外勤務命令をしておらず、自主的活動の範疇を超えた労働をXが行っていたことの認識がなかったと主張している。教員の活動には自主的、自発的な部分が存在し、それらを全て校長が管理することが困難である点は一般論として否定するものではない。

②Xは、校長の指揮監督下において、心身の健康を損なう蓋然性の高い状態に陥る過重な業務に従事しており、校長は、Xの状態を認識可能であったにもかかわらず、Xの業務内容変更などの措置を取らなかったのであるから、Xの業務時間及び業務内容を把握した上で、業務の量を適切に調整するなどの勤務時間を軽減する措置などをとるべき義務（安全配慮義務）を怠ったものと認めるのが相当である。

③Xは、業務の過重性に起因する何らかの精神疾患を発症し、これにより自殺に至ったのであり、業務の過重性は校長の安全配慮義務違反によりもたらされたものであるから、同義務違反とXの死亡との間に相当因果関係が認められる。

④学校が用意したメンタルヘルスの相談をXが利用していなかったことに過失はなく、休日に別の中学校のボート部の活動に参加していたことが精神疾患の発症及び悪化の原因となったとは認められず、同居の母がXの勤務状況を改善できる立場にあったとはいえない。

(3)　判決をどう生かすか

教員の長時間労働が社会的にも重大な関心事となっています。しかし、学校とくに公立学校の教員は「公立の義務教育諸学校等の教員職員の給与等に関する特別措置法」（＝「給特法」）の適用をうけるため、時間外・休日労働および割増手当につき、一般の労働者とは異なる仕組みが適用されています。

給特法では、時間外勤務を命じることができる場合は政令で定める基準（①生徒の実習、②学校行事、③職員会議、④非常災害、児童生徒の指導に関し緊急の措置を必要とする場合――いわゆる「超勤４項目」）に従い条例で定めるとして、時間外勤務手当及び休日手当を支給せず、勤務時間の内外を問わず包括的に評価して教職調整額（給与月額の４％）が支給されることとなっています。

その結果、法の建前上は公立学校教員が時間外勤務を命じられる事由が特定されているので、現実に必要な業務をこなすための時間外勤務が全て教員の自主的行動として取り扱われるという矛盾が生じているのです。

今日、給特法制定当時（昭和46年）とは比べものにならない公立学校教員の多忙化があり、これらを背景として現状の見直しが求められています。

◆新任教諭うつ病発症・自殺と学校の責任（地公災基金東京都支部長事件：東京高裁平成29年2月23日判決）

(1) 事件の概要

東京都公立小学校の教諭として勤務していた新任教諭Xは、担当していたクラスで、児童が校外で梅の実を食べたこと、児童の万引き疑惑および万引き、上履き隠しおよび体操着隠し、給食費・教材費の滞納などが起きて悩んでいた。

上履き隠しは少なくとも1か月以上にわたって続き、万引き疑惑については児童の保護者との電話で保護者から大声で怒鳴られるなど激しく抗議されたうえ、副校長や主幹でも対応できず、校長が謝罪する事態を招いた。

万引きに関し電話をかけて対応するようXに対する具体的な指導があったか否かは定かではないが、校長はXに万引き疑惑を伝えたうえで対応を求めた。Xは上記の事態を招いたことについて生活指導会議の場で謝罪した。

Xは、東京都により定められた初任者研修として、月1、2回程度の校外研修および指導教員による週10時間（年間当たり300時間）の校内研修をうけており、校内研修では毎回レポートを提出することが求められていた。校外の研修では、指導担当者から「病休・欠勤は給料泥棒」「いつでもクビにできる」との趣旨の発言があった。

Xは、校内研修レポートを提出することができなくなり、同居していた相手に「学校に行けない」と訴え、学校には風邪である旨連絡して年次有給休暇を取得した。深夜にひも状のもので首をつろうとして同居人に発見された。

その後、クリニックから自律神経失調症、パニック障害及び反応性うつ病と診断され病気休暇を取っていたが、一度復職の後、再度休暇を取った。その直後に再び自殺を図り、意識が回復しないまま死亡した。

(2) 判決のポイント

①経験の乏しい新任教諭であるXが児童の担任として万引き疑惑について保護者に情報を伝える際には、上司らからの手厚い指導が必要であったと考えられるが、Xに対してそうした指導が行われた形跡はない。

②Xは、本件クラスの問題について校長から叱責されることが多いと同僚の教諭らに打ち明けており、Xに対し、万引き疑惑事件および万引き事件の事前事後に適時的確なフォローがなされていたと認めることはできない。

③上履き隠し事件で、被害に遭った児童の保護者から、連絡帳に親としてショックを受けたとか、今後の情報提供を求めるとの記載がされた。これらの事件は、本件クラスにおいて連続して発生したトラブルの一部として、担任になって間もない新任教諭であるXに相当の精神的負荷を与える事象の一部であった。

④「学級内のトラブルを校長に相談すると『あなたが悪い』と怒られるし、言えずにいると後になって『なんで言わなかったのよ』と怒られるし、どちらにしても怒られる」「校長によく叱られる」などと話していた。新任教諭にとって、自らが担任する学級内トラブルを校長に直接報告し指導を受けることを精神的に負担に感じることは十分に想

定できる。

⑤平均すると、少なくとも1日2時間から3時間程度は法定労働時間を超える時間外労働をしていた。これに加えて、自宅でも相当程度の時間をかけて作業を行っており、自宅では深夜に及ぶこともあったと認められる。このことを考慮すると、時間外労働による精神的・肉体的負荷が強度であったとまでは言えないものの、小さいものとは言えない。

⑥学校において十分な支援が行われておらず、かえってその負荷を倍加させかねない発言もあったことを考慮すると、これらの出来事は全体として業務による強い精神的・肉体的負荷を与える事象であったと認められる。

(3) 判決をどう生かすか

学校側が、業務はそれほど加重なものではなかったことを主張したことに対して、業務がただちに強度の精神的・肉体的負荷を与えるもとはいえないまでも、新任教諭という立場での負荷、更には新任教員のサポートが十分ではなかったことから、結果として精神的負荷を認めました。

特に、新任教員のうつ病発症が頻発するなかで、学校側の手厚い指導やサポート体制が求められる判決が多く出されています。教員の学校業務が多忙を極める中、新任教員を学校全体でどのようにサポートしていくのか、学内でのシステムの構築が求められています。

◆指導力向上への注意の仕方と特別研修判断をめぐって（教員パワハラ自殺損害賠償請求事件：鹿児島地裁平成26年3月12日判決）

(1) 事件の概要

精神疾患による通院歴があり、ストレス反応ないしパニック障害による病気休暇を取得したことがあるA中学校の教諭Xに対して、音楽科の教員免許しかもっていなかったのに、受験科目である国語科の授業を担当させるなどしていた。急な年次休暇を取るなどXの勤務態度に問題が出るようになったため、県教委はXを指導力不足等教員と認定して指導力向上特別研修を受けさせるように命じた。その結果、Xが精神障害を発症憎悪させて自殺した。

両親は、Xの自殺は校長及び教頭による執拗な叱責・指導、免許外の科目担当による業務過重、Xの精神疾患の存在を考慮しない指導力向上特別研修の受講命令等、いわゆるパワハラが行われ、同研修において指導官によるXへの人格攻撃によりXが精神障害を発症ないしは憎悪させて自殺に追い込んだと訴えた。

(2)　判決のポイント

以下の点が、判断に当たっての根拠となっている。

①Xは前任校に勤務していたころから精神疾患を理由に病気休暇を取得していた。

②免許外科目である国語科を担当させたことにより、Xが1週間に担当する授業時間数は、12時間から20時間と約8時間増加していた。

③Xはこれまで国語科を担当したことはなかった。新たに担当した国語科は受験科目である。

④教科担当以外の校務分掌が減らされていない。

⑤急な年次休暇の取得や服務上の問題行動が発生するようになっていた。

こうした実情をもとに、使用者の責任については「使用者は、その雇用する労働者に従事させる業務を定めてこれを管理するに際し、業務の遂行に伴う疲労や心理的負荷等が過度に蓄積して労働者の心身の健康を損なうことがないよう注意する義務を負うと解するのが相当であり、使用者に代わって労働者に対し業務上の指揮監督を行う権限を有する者は、使用者の上記注意義務の内容に従ってその権限を行使すべきものである」とした。そして、その結果「Xの業務における心理的負荷は、精神疾患による病気休暇取得直後の労働者にとって過重であったことが認められる」とした。

校長及び教頭は、県教育委員会に指導力不足についての申請をする際に、漫然とした医師に対する不信感からクリニックを受診していることについては特段の記載をせず、医師に対しては状況について確認する必要はなく、通院していないクリニックを記載すれば足りると安易に考えていた過失がある。

指導力向上特別研修の受講は、何らかの精神疾患を有しその状態が良好でない教師にとり、極めて心理的負荷が大きいものであると認めることができる。また、校長、教頭もこれまでの教師の行動に照らして、教師の心理的負荷を知り得る状況にあった。

校長、教頭及び本件担当指導官らにおいても、教師が何らかの精神疾患を有していることを認識し得ていた。ところが、退職を促しているとも受け取られる指導を行っており、これらは教師にとり極めて負荷の大きいものだったというべきである。

これらの経緯に照らせば、校長、教頭、県教育委員会および本件担当指導官らの一連の各行為は教師の精神疾患を憎悪させる危険性の高い行為である。

(3)　判決をどう生かすか

精神疾患の経歴を持った教諭の働き方をめぐる指導者の対応が問われた事案です。メンタル面での不調を訴える労働者が増えているなか、職務遂行上の問題点を抱えている職員に対応する場合に指導者がとるべき基本が示されています。研修や再教育などの指導を行う場合に、主治医の見解をどのように反映させるべきか、指導に当たってはどのような配慮が必要かを考える際に参考とすべきことが示されています。

〈参考関連裁判例〉

◇大阪府立高校教諭指導改善研修命令事件（大阪地裁令和元年5月27日判決）

校長の指導改善研修命令による研修中の室長の発言に違法なパワー・ハラスメントが認められるとして、損害賠償請求が一部認められた。

◇福井県・若狭町（中学教員）事件（福井地裁令和元年7月10日判決）

校長の指揮下において心身の健康を損なう蓋然性の高い状態に陥る過重な業務に従事さ

せたことについて、校長の安全配慮義務違反が認められた。

◇**広島県教員パワハラ事件（広島高裁平成25年6月20日判決）**

疾患を訴えた後、使用者が合理的な範囲内で原告の要望も取り入れた対応をとったため、安全配慮義務を尽くしていたと認められた。

◇**松蔭学園事件（東京高裁平成5年11月12日判決）**

高等学校の教諭に対してなされた授業・担任等の仕事外し、職員室内での隔離、別の部屋への隔離、自宅研修等の命令が違法であるとして、600万円の損害賠償が認められた。

2 セクハラ対応をめぐる事件

セクハラについては、大きく分けて同僚教師に向けられるものと生徒に向けられるものがありますが、同僚に向けられるものについては、セクハラへの対処の基本的な対応が問われます。一方で、生徒に向けられるセクハラは、保護者やマスコミも含めた多様な対応が問われることになります。いずれも、そうした事件が起きた場合の基本的な対応を誤ると学校の責任を問われ、社会的な信用失墜につながります。

◆教師のわいせつ事件と事後対応（茨城県強制わいせつ事件：水戸地裁土浦支部平成30年7月18日判決）

(1)　事件の概要

女子バレー部顧問の教師は、強制わいせつ被告事件につき、水戸地方裁判所土浦支部において、懲役8年6月に処する旨の判決を受けた。要旨は、被告が部活動の指導中等に、学校の施設内において原告AないしBそれぞれに対し、下着の中に手指を差し入れて陰部をもてあそぶなどの強制わいせつ行為をしたというものである。

上記刑事事件において認定された強制わいせつ行為に対し、校長が強制わいせつ事件発生前に防止対策を講ずることを怠り、事件発生後には事件を隠ぺいしようとしたり被害者に配慮を欠いた発言をしたりしたため、精神的苦痛を被ったとして、信義則上の教育環境配慮義務に違反したと主張して、校長を任用する県に対し損害賠償を求めた。

(2) 訴えの内容

①被告県は、原告A及び原告Bから本件強制わいせつ行為による被害申告を受けたのであるから、教育環境配慮義務の一環として、事実関係を正確に把握し、すみやかに被告に対し懲戒免職処分をする義務があった。ところが県は、本件学校において十分な事実調査等を行わないまま、漫然と被告を教諭職に留め置き、被告について本件強制わいせつ行為等に基づき実刑判決が宣告されるまで、懲戒免職処分を行わなかった。

②校長は、教育環境配慮義務の一環として、本件強制わいせつ行為の発覚以降、被害者である原告AないしBの心の安定への配慮に努めるとともに、事実調査等に当たっては、被害生徒のプライバシーの保護に細心の注意を払い、被害者の特定につながる情報を厳に管理すべき義務があった。ところが校長は、被告を、被害生徒との接触のおそれのある本件学校に呼び出して事情聴取を行い、被害生徒の心の安定への配慮を欠いた。

③校長は、原告A及び原告Bらに対し、警察を含む第三者に被害を口外しないように要請したり、一連のわいせつ事件が報道発表された日までの間、マスコミに対して事件の報道の抑制を申入れるよう求めたりするなど、事実解明のために積極的な姿勢を見せず、逆に隠ぺいするような行動をした。

④校長は、保護者を対象とした保護者会において、被告が強制わいせつをしたこと自体を知らない保護者や原告A及び原告B以外にも被害者がいることを知らない保護者がいたにもかかわらず、被告による一連の強制わいせつ事件があったことを説明し、2年生及び3年生に被害者がいることを明らかにした。その上、校長は、全校生徒保護者会（以下「全校保護者会」という。）において、被害者が女子バレー部の生徒である旨発言し、被害者である原告Aらの特定につながる情報を公表した。このような校長の言動は、被害者である原告A ないしBのプライバシー保護に著しく欠けるものである。

(3)　県と校長の主張

①県が被告について、本件強制わいせつ行為等に基づき実刑判決が宣告されるまで懲戒免職処分を行わなかったことは認めるが、それは被告が一貫して強制わいせつの事実を否認したため事実関係を確認できず、最終的な処分を保留していたのであり、漫然と被告を教諭職に留め置いたわけではない。

②校長ないし本件学校の職員は、被害申告があった原告A及び原告Bに対する事情聴取をしなかったが、これは、各父母から二次被害防止のため個別の事情聴取を控えるよう要

求があったためこれに応じたものであり、やむを得ないことであった。

③被害申告時には、出席者全員の間で申告内容をみだりに口外しないことが約束された。そのため、本件学校は、被害生徒に詳細な事情を聴取することができず、他の生徒に対しても被害申告の事実を伏せたまま別の被害事実や目撃情報の有無を調査しなければならないという制約があった。

④校長は、被告の呼出しを必要最低限に留めており、また、生徒と接触のおそれのない授業時間中にするなど、被害生徒の心の安定を図るよう配慮していた。

⑤校長が原告らに対し、マスコミに対して事件の報道の抑制を申し入れるよう求めたことは認めるが、その理由は、被害生徒をマスコミから守ってほしいという保護者の要望に応えるには報道の抑制を要するとの考えからであり、事件を隠ぺいする意図などなかった。

⑥校長は、女子バレー部関係者保護者会では、事件の概要と被告が逮捕された際の対応について説明したにすぎず、全校保護者会では、被害申告をしたのが女子バレー部員であることを説明しただけで被害者の特定につながる情報を公表していない。そもそも被害者が女子バレー部員であることは、新聞報道等により全校生徒や保護者に周知の事実で

あった。

(4) 校長の教育環境配慮義務違反の有無

▼校長が被害生徒の心の安定への配慮を怠り、教育環境配慮義務に違反したかどうか。

①被告を本件学校に呼び出したことについては、校長は、被害生徒と被告との接触を避けるため授業時間中等に事情聴取を設定しており、被害生徒の心の安定への配慮に欠けるものではなかった。

②校長は、原告A及びBらに対し、一定期間、警察を含む第三者に被害を口外しないように要請したり、マスコミに対して事件の報道の抑制を申入れるよう求めたりした。口外しない旨の要請は、被害生徒8名らと本件学校との間の約束に基づくものであり、事実を隠ぺいする目的ではなく違法性はないことが明らかである。

③マスコミへの報道抑制申入れ要求については、県の広報を通じて行うなど別個の対応もあり得たところであり、原告ら（特に各父母）の心情を害するものであったことは否定できない。しかし、校長が原告らに対しこのような要求をした目的が被害生徒の心の安定の確保にあったこと、学校においては強制わいせつ行為発生後、被害生徒8名に対す

るカウンセリングや家庭訪問が実施されるなど心の安定への一定の配慮がなされたことなどを考慮すれば、上記要求行為も事実を隠ぺいする目的ではなく違法であったとまでは言い難い。

▼校長が女子バレー部関係保護者会や全校保護者会において、原告AないしBのプライバシーを侵害するような発言をしたか。

①女子バレー部関係者保護者会において校長は、被告による女子バレー部の前期課程2年生及び3年生に対する強制わいせつ行為の概要を説明したにすぎず、これが原告AないしBのプライバシーを侵害するものとはいえない。

②全校保護者会において校長は、強制わいせつ行為の概要を説明する中で、被害者が女子バレー部の生徒であると発言した。しかし、その際、個人の特定につながる情報を公表した形跡はうかがわれないし、この発言に先立ち、強制わいせつ行為の被害者は被告が顧問を務める部の生徒であった旨の新聞報道があったことに照らせば、これが原告AないしBのプライバシーを侵害すると認めることもできない。

③以上によれば、強制わいせつ行為後に、被告県において教育環境配慮義務違反があったとは認められない。

(5) 判決をどう生かすか

このようなわいせつ事件にかぎらず、マスコミに報道されるような事件が起きた場合には、学校にとって不名誉なことであるだけに、その発表や報告には様々な判断が必要になります。そして、そうした際には様々な疑念も生まれがちなので、毅然とした対応が求められます。

隠蔽などは論外ですが、善意か悪意か以前に、終始説明責任が問われることを意識して対応することが大切です。取った行動について、後日そうした行動をとったことについてきちんと説明できるように心がけることが大切になります。

◆セクハラ対応が全くできていない（県立高校セクハラ事件：名古屋高裁平成25年2月27日判決）

(1) 事件の概要

県立高校の教諭であったXが男性教諭から、「あいつとはもうやったのか」、ホテルの「部屋を取ったから来い」というような口頭によるセクハラを受け、そのことについて県教育委員会に相談した。教育委員会は「セクハラ規定はない」と応え、本人の意向を確認することなく相談内容を高校に通知した。その結果、校長から調査されることになったが、その際の対応が、行為者を守り、Xが虚偽の申し立てを行っているというものであった。さらに、行為者にXの訴えの情報を一方的に提供するという対応をされたため、相手から嫌がらせを受け退職を余儀なくされたと訴えた。

(2) セクハラと認定された事実

①忘年会での発言：忘年会の席で、Xに対して「あいつとはもうやったんか」などと性交渉の有無を尋ねる発言をした。

②卒業祝賀会での発言：ホテルで開催された卒業祝賀会では、遠方から通っている教職員は同ホテルで宿泊することになっていた。そこでXに対して「部屋は取った。610号室に来い」などと述べて、宴会が終わったら自分の宿泊している部屋に個人的にくるようにという趣旨の発言をした。

③校内での発言（3回）：ⓐ荷物を「おかしてくれ」を「犯してくれ」と揶揄、ⓑ「見せたいものがある」の発言に「なんや、裸でもみせてくれるんか」と応じた、ⓒ「お前は

SかMか」と聞いた。

(3) それぞれの責任

①県教育委員会

控訴人と連絡を取って、被害者が求めるものは何であるのか、すなわち、今回は話を聞いてほしいだけであるのか、加害者からの事実確認など聴取に及んでもいいのかなどを確認すべきであり、校長に対応させる場合には、校長をして被害者が求めるものは何であるか、加害者から事情聴取をしてもいいのかなどの確認を取らせるべきであった。相談内容には喫煙問題とセクハラ問題が含まれており、喫煙問題は校長に伝える必要はあったとしても、セクハラ問題については相談指針に沿った措置をとるべきであった。指針の内容は知っているとしながら、加害者聴取についての確認もせず本件メモを教育委員会外部に送信し、校長にも指針に沿った指示をしなかったことは、国家賠償法上違法なものである。

②校長

校長はそもそも指針を理解しておらず、Xの名前は出さなくとも発言の聴取をすればXが被害申告をしたことが容易にわかる状況で事情聴取をしている。さらに、行為者がむしろ被害者であるという誤った心象をもち、二次被害を放置していたものであり、違法かつ過失があったといわざるを得ない。

(4) 判決をどう生かすか

相談対応がルールに沿わず、調査のやり方で二次被害を起こしてしまうという対応が問われたものです。セクハラの相談でのプライバシー保護はもちろん、行為者調査への対応や相談の基本を理解しない対応は、労務管理としては大きな躓きになります。

現場がセクハラのルールを理解しておらず、被害者の訴えに真摯に対応しなかったことにより国家賠償法上の責任まで求められている点に注意が必要です。

〈関連参考裁判事例〉

◇今川学園木の実幼稚園事件（大阪地裁堺支部平成14年3月13日判決）

園長による一連の行為が、妊娠を理由とする中絶の勧告、退職の強要及び解雇であり、当時の雇用機会均等法8条（現行法9条）の趣旨に反する違法な行為であるとされた。

◇東京都教委（免職処分執行停止・仮処分）事件（東京地裁平成27年1月21日決定）

生徒に対する性的な内容を含む不適切なメールを送信したとして免職処分を受けた教員が処分の量定に不服を訴え、認められた。

3 同僚間の争い

セクハラやいじめ、さらには日ごろの仕事をめぐるパワハラなど、同僚間での争いが起きるのも学校の特徴です。お互いに上下関係がない立場での争いは長期化し、陰湿なものへと発展したりすることも多く、学校運営にも大きな影響を与えることになります。学校のマネジメントとしては重要な課題であり、管理職の適切な対応が求められることになります。

管理職の不適切な対応で、重大な問題へと発展することもあります。こうした事例の多くは管理職が適切に対応することで円満な解決が得られることを各種の事例から学び、そのポイントをしっかりと押さえておくことが大切です。

◆教師間の争いと校長の立ち位置（中学校パワハラ訴訟：東京地裁平成25年1月24日判決）

(1)　事件の概要

中学校の主任であったXは、同僚のYを指導する立場にあったが、その教師Yから左肩に打撃を加える暴行を受けたとして問題にしたところ、この主張に対してYは、Xが主任という職務上の立場を利用してパワハラをしていたと主張した。そのことで、さらに精神的苦痛を受けたとしてXはYを訴えた。これに対してYは、①学年主任をはずすなどのいじめを受けていた、②職員会議でYがわざとぶつかったなどと発言した、③そうした虚偽の事実をもとに訴えた、④教員が使う生徒の個人情報を扱うサーバーからXのファイルが消えたことについてYを犯人扱いした、として反訴した。

(2)　校長の関与に関するYの証言

①接触があっただけなのに、Xが校長に訴えたため、Yは月に2、3回校長に呼ばれてXの申告を伝えられた。そのことへの反論を職員会議でしたところ、それがパワハラ行為

に該当するから止めろと校長から言われた（校長はXからパワハラがあったことについて申告を受けてはいないと証言）。

②サーバーからXのファイルが消去されたことについて、XがYを犯人と疑っているとして校長はYをほぼ犯人と決めつけた。

③校長は、XがYを犯人と疑っているから犯人を特定するまでサーバーを使うなと言って、Yを犯人と決めつける発言をした。

④校長は、保護者からYが入学式の途中で寝ていたことや授業中の発言が不適切であることについて指摘を受け、注意したことがあった（しかしYは、眠ったのはアレルギーの予防薬のせいであるとか、授業中の言動については他の英語教師も行っているなどと弁解して、反省する様子もなかった）。

(3)　判決のポイント

Yが Xに暴行を加えながら理由のない主張を行うことなどは不法行為である。しかし、Xを訴えたことが違法であるというには、事実的、法律的根拠を欠くものであると知っていたことや、通常人であれば容易に知りえたことが必要であり、そこまでは認定できないとして、結果として暴行の事実以外のどちらの主張も退けた。

(4)　判決をどう生かすか

校長がどのように対応すべきか、個人的な感情を離れて、マネジメントとして考えるべきポイントがいくつかあります。解決に向け何回かのチャンスがありながら、校長が通り一遍の対応をしたことにより、同僚同士のいさかいをエスカレートさせることになってしまいました。学内で解決可能と思われる問題が訴訟沙汰にまで発展してしまった事例であり、校長のマネジメント不足が問われるケースです。

裁判所もそうした点を配慮して、Yの行為を非難しながらも違法とまではいえないとしており、あくまで学内解決をめざすべき事件であることを示唆するものとなっています。

〈関連参考裁判事例〉

◇千葉県浦安市日の出中学校パワハラ事件（東京地裁平成25年3月21日判決）

同僚同士の暴力行為を伴うパワー・ハラスメントにより精神的なダメージを受けたとする損害賠償請求訴訟で、慰謝料が認められた。

4章

どう予防するか

1 法が求める対応策

いずれのハラスメントの法規制も、考え方は事業主に措置義務を課して、事業主の対策によってハラスメントを防止し、規制していこうという考え方を取っています。そこで、本章では、措置義務の対策が職場で取られているかどうかのチェックと、効果的な措置義務の進め方について考えていくことにします。

(1) 措置義務とは

ハラスメントにおける「措置義務」という考え方は、平成19年4月1日の改正男女雇用機会均等法の施行により、セクシュアル・ハラスメント対応への事業主の義務として初めて指針で示されました。その理由は、これまでの配慮義務による取組みでは不十分であることから、配慮義務規定を措置義務規定へと改め、規制を一段と強めたということです。

その背景には、セクハラへの企業の取組みは進んではいるものの、厚生労働省の都道府県労働局雇用均等室には、相変わらず「セクシュアル・ハラスメントを受け、企業に相談したが十分に対応してもらえないので指導してほしい」という相談が増加していたという事情があります。

法律で配慮義務が定められたことによって、各企業は「セクシュアル・ハラスメントは許さない」という方針を出し、相談窓口を設置するなどの取り組みを開始しました。しかし、こうした取組みがありながらも、抑止的な効果が十分に発揮されていないという現実があったのです。

具体的には、「方針は決められているが、従業員に知らされていない」とか、「窓口はあるが、相談しづらい」というもので、形式的に防止対策は講じられてはいるものの、実質的には機能していないケースが多くみられたことです。

それどころか、問題が生じた場合への対処方法が適切に行われないために、実際に問題が発生しても放置されたり、当事者間の解決に委ねられ、放置されていたりというケースが多くみられました。こうした法律が期待している迅速かつ適切な対応がなされていない状況に、どのように対応するのかが求められていました。

こうした現状は、一部事業主の間にある「配慮義務では、配慮すればいいので具体的な措置を講ずることまでは必要はない」という認識から生じており、このような認識不足を解消するために、配慮義務から措置義務へと格上げされました。その後のマタニティ・ハラスメント、パワー・ハラスメントの規制についても、同様に企業の措置義務を求める流れになっていきます。

こうした背景で生まれた措置義務の法的な効果としては、その講ずべき措置が取られておらず、是正指導にも応じない場合には「企業名公表」の対象となり、問題になった案件での調停が行われるというものです（雇用機会均等法第30条）。

また、各企業のセクハラ対策や均等取扱いに関する雇用管理について報告徴収する際に、事業主が拒否したり虚偽の報告をした場合は過料（20万円以下）が課せられます（雇用機会均等法第33条）。

(2) 10項目の措置義務

こうした措置義務は、ハラスメント予防の視点で組み立てられており、予防という観点からきわめて大切な取組みの柱になります。そこで、以下では、ハラスメント予防全般に共通する措置義務の求めている対応について、ハラスメント全般の予防策の視点でみていくことにします。

セクハラで示された10項目の措置義務をハラスメント全体の視点で整理し直すと、以下のようなものになります。こうした措置義務に沿った取組みのチェックと、取組みに当たっての注意ポイントを併せてみていくことにします。

1. 事業主の方針の明確化及びその周知・啓発

(1) 職場におけるハラスメントの内容、ハラスメントがあってはならない旨の方針を明確化し、管理監督者を含む労働者に周知・啓発すること。

(2) ハラスメントの行為者については、厳正に対処する旨の方針・対処の内容を就業規則等の文書に規定し、管理監督者を含む労働者に周知・啓発すること。

2. 相談（苦情を含む）に応じ、適切に対応するために必要な体制の整備

(3) 相談窓口をあらかじめ定め労働者に周知すること。

(4) 相談窓口担当者が、内容や状況に応じ適切に対応できるようにすること。

3．職場におけるハラスメントに係る事後の迅速かつ適切な対応

(5) 事実関係を迅速かつ正確に確認すること。

(6) 事実確認ができた場合には、速やかに被害者に対する配慮の措置を適正に行うこと。

(7) 事実確認ができた場合には、行為者に対する措置を適正に行うこと。

(8) 再発防止に向けた措置を講ずること（事実確認ができなかった場合も同様）。

4．1～3の措置と併せて講ずべき措置

(9) 相談者・行為者等のプライバシーを保護するために必要な措置を講じ、周知すること。

(10) 相談したこと、事実関係の確認に協力したこと等を理由として不利益な取り扱いを行ってはならない旨を定め、労働者に周知・啓発すること。

2 措置義務のチェックと効果的実施のポイント

(1) 職場におけるハラスメントの内容及び職場におけるハラスメントがあってはならない旨の方針を明確化し、管理監督者を含む職員に周知・啓発すること

チェックポイント

□服務規程その他の職場における服務規律等を定めた文書において、ハラスメントがあってはならない旨の方針を規定し、当該規定と併せて発生の原因や背景となりうることを職員に周知・啓発すること。

□通知文書、パンフレット、ホームページ等広報又は啓発のための資料等に職場におけるハラスメントの内容及び発生の原因、あってはならない旨の方針を記載し、配布等すること。

□内容及び発生の原因や背景となりうること並びにあってはならない旨の方針を職員に対して周知・啓発するための研修、講習等を実施すること。

効果的実施のポイント

■ハラスメントの明確化

文字通りハラスメントとは何かを示して、職場に「あってはならないこと」として徹底を図ることになりますが、ハラスメントについてはなかなか共通の認識がもちにくいこともあり、明確化する必要があります。

具体的には、法律がそれぞれの定義をしていますので、「職場において行われる優越的な関係を背景とした言動であって、業務上必要かつ相当な範囲を超えたものにより、労働者の就業環境が害されるもの」（パワハラ）、「職場において行われる性的な言動に対するその雇用する労働者の対応により当該労働者がその労働条件につき不利益を受け、又は当該労働者の就業環境が害されること」（セクハラ）などの定義を明確にすることが必要です。

その一方で、こうした定義だけではなかなか理解しにくい点もありますから、職場アンケートなどで、学校で起きやすい、起きているハラスメントをまとめて、それらを具体的に示していくことが効果的です。

■研修の実施などで周知を図る

周知方法については、それぞれの学校で最も有効と思われる周知手段を取ればいいということになります。従って、挙げられている手段以外にも、朝礼や教員心得で周知する、独自のマニュアルを作成・配布するなどの手段も考えられます。

そして大切なのは、こうした作成された印刷物でどこまで周知が図られているかをチェックすることです。おざなりな配布ではなく、少しでも関心を持ってもらうためには、説明会や研修、会議などを実施して、そうした場で配布するなどの工夫が必要です。

研修なども、それぞれの立場によって関心が異なることから、階層別や職種別に実施することが望まれます。また、管理職については職場環境配慮義務という視点を入れ、職員には、被害を受けた場合の対処など、それぞれの立場に見合った研修を行うことが効果的です。

■アンケートの実施

実際に周知されているかどうかを確かめる手段としては、職場アンケートを定期的に実施して定点観測をしていくこともいいでしょう。アンケートはルールの理解を促進するきっかけにもなりますし、このアンケートによる周知度のデータは、学校にとっても周知努力の具体的な証明にもなり効果的です。

■トップがメッセージを出す

学校がパワー・ハラスメント防止に取り組むにあたっては、校長自身がパワハラ防止の必要性と意義を十分に理解し、積極的に取り組むという姿勢を明確にしておくことが大切です。

学校でのパワー・ハラスメントは、〝熱血指導〟などの言葉があるように、学校のため、生徒のためを思ってのこととして、多少の行き過ぎた行為は許されると理解されてきました。そうしたことから、ややもすれば学校ではこうした行為を上層部が容認、もしくは奨励してきたと思われがちです。

しかし、パワー・ハラスメントは、教員や生徒の個人としての尊厳を不当に傷つける社会的に許されない行為であるとともに、教師の能力の発揮を妨げる行為です。また、学校にとっても職場秩序や業務の遂行を阻害し、社会的評価に大きなマイナスを与える問題です。

そこで、校長からも、学校はこうした言動を許さないという明確なメッセージを出すことが大切です。具体的には、以下のようなポイントを押さえたメッセージを発信します。

①ハラスメントは教員や生徒の個人としての名誉や尊厳を傷つける問題であり、人権に

かかわる問題である。

②ハラスメントは、個人の問題にとどまらず、雇用差別にもつながりかねない人事・労務管理上の問題である。

③ハラスメントは、教育・指導における上下関係のなかで起こりがちであることから、管理職は特に部下とのコミュニケーションについての配慮が必要である。

④職場で働く人たちが相互に相手を尊重し合える働きやすい職場環境づくりに取り組むことが必要である。

(2) ハラスメントに係わる言動を行った者については、厳正に対処する旨の方針及び対処の内容を服務規程その他の職場における服務規律等を定めた文書に規定し、管理監督者を含む職員に周知・啓発すること

チェックポイント

□服務規程その他職場における服務規律等を定めた文書において、ハラスメントに係る言動を行った者に対する懲戒規定を定め、その内容を職員に周知・啓発すること。

□ハラスメントに係わる言動を行った者は、現行の服務規程その他の職場における服務規律等を定めた文書において定められている懲戒規定の適用の対象となる旨を明確化し、これを職員に周知・啓発すること。

効果的実施のポイント

■ハラスメントの具体例を示す

懲戒規定に入れる以上、どのような行為が懲戒対象となるのかを示す必要があります。そこで「ハラスメントとはなにか」について職員の理解を深めることが大切です。それぞれの性別や階層や立場によっての理解の違いをなくすために、具体的な禁止事項として例示するなどのやり方が効果的です。

■服務規程以外に懲戒規定を入れる場合には、服務規程に委任規定を設ける

ハラスメントを他の懲戒と同じように扱うのか、それともハラスメント独自の対応をするのかを決めておく必要があります。処分が従来の他の処分のやり方と同じであれば問題はありませんが、調査から判断、処分のやり方をハラスメント独自のものとしたい場合には独自の処分ルールを定めておく必要があります。5章で述べるような独自の調査や処分

を行う場合には、独自の「ハラスメント防止規定」が必要になります。その場合には服務規程に準じる効果を持たせるため、服務規程に委任規定を設けることになります。

■ガイドラインは分かりやすく

防止規定（ガイドライン）などは、ルールとは別に職場でのハラスメントへの理解を広めるためのもので、その取り組みについて職員の理解を深めるためのものです。したがって、その形式は必ずしも決まったものはありません。それぞれの現場で起きそうな事例を盛り込んで警鐘を鳴らすなど、現場に見合った内容を工夫することで理解が進みます。

(3) 相談への対応のための窓口（以下「相談窓口」という）をあらかじめ定め、職員に周知すること

チェックポイント

□相談に対応する担当者をあらかじめ定めていること。
□相談に対応するための制度を設けていること。
□外部の機関に相談への対応を委託していること。

効果的実施のポイント

■利用しやすい相談窓口

ここで大切なことは、窓口が形式的なものではなく、実際に問題解決の入り口としての役割を果たしているかどうかです。その機能を果たすためには、①職員が利用しやすい窓口となっていること、②その相談窓口が周知されていることが基本になります。

■人事セクションの窓口はハードルが高い

特に、人事に関わる人などを相談窓口に置いている場合は、相談がしやすいようにする工夫が必要です。人事に関わる人の対応ではハードルが高いことや、その対応も行為者処分中心になりがちなので注意が必要です。

現実に、人事に関わる人を相談窓口をおいたため相談が寄せられないケースや、被害者救済にならないなど、窓口としての機能には問題が多く出されています。できれば人事に関わる人と相談窓口は連携にとどめ、別の人による相談対応が好ましいと言えます。

■相談の手段は幅広く

相談の手段としては電話やメール、さらには匿名でも相談を受けるなど、幅広く相談が受けられるような手段、方法にも工夫が必要です。

■相談員の対応能力も大切

相談対応を進める上で、相談員には相談や苦情への対応能力が問われます。相談に当たる人たちの対応能力を高めるための研修や、専門性をもたせる工夫が必要になります。あて職（役職で相談員が割り当てられている）でおざなりな対応をしているケースでは、相談窓口として機能しないことになりかねません。

校内での対応が難しい場合には、外部の人に参加してもらうやり方があります。また常にそうした対応が難しい場合には、月に一度だけは外部の専門家による相談日にするなどして対応能力を確保することも考えられます。

■外部との協力関係の構築

メンタル不全や法律判断の必要な事例など困難事例に遭遇した場合には、外部の専門家の助けを借りるということをシステム化しておくことも効果的です。

(4) 相談窓口の担当者が、相談者の抱える内容や状況に適切に対応できるようにすること。

また、相談窓口においては、職場におけるハラスメントが現実に生じている場合だけでなく、その発生のおそれがある場合や、職場におけるハラスメントに該当するか否かが

微妙な場合であっても、広く相談に応じ、適切な対応を行うようにすること

チェックポイント

□相談窓口の担当者が相談を受けた場合、その内容や状況に応じて、相談窓口の担当者と人事部門との連携を図ることができる仕組みとすること。

□相談窓口の担当者が相談を受けた場合、あらかじめ作成した留意点などを記載したマニュアルに基づき対応すること。

□相談窓口の担当者に対し、相談を受けた場合の対応について研修を行うこと。

効果的実施のポイント

■相談窓口での的確な判断

「内容や状況に応じて適切に対応する」とは、「相談者が受けているハラスメントの言動の性格・態様によって、状況を注意深く見守る程度のものから、上司、同僚等を通じ、行為者に対し間接的に注意を促すもの、直接注意を促すもの等事案に即した対応を行うことを意味する」とされています。したがって、そうした判断が的確にできる相談員であるこ

とが望ましいということになります。

一方で、相談員が個人的な判断で対応することの危険性（かえって事態を困難にすること）も考えておく必要があります。相談員から人事部門や苦情処理機関へのバトンタッチや、相談員の役割と苦情処理機関との連携を明確にしておかないと混乱を招きがちなので、注意が必要です。

■相談対応は懐深く

「広く相談に対応する」とは、「職場におけるハラスメントを未然に防止する観点から、相談の対象として、職場におけるハラスメントに該当するか否か微妙な場合も幅広く含めることを意味する」とされています。具体的には、勤務時間後の宴会等で生じたハラスメントについても相談に含めるなど、業務の延長線上で起きたことへの対応も必要です。

そして、物理的な対応の広さだけでなく、内容的にも幅広い相談を心がけることが必要になります。ハラスメントを限定的に考えることで「それはハラスメントではない」とジャッジしてしまったり、放置することで事態が深刻になってしまうこともあります。

相談では、ハラスメントを狭くとらえることなく対応することを心掛け、いわゆるジェンダー・ハラスメントなどといわれるグレーゾーンについても積極的に相談対象としていくことが望まれます。

■二次被害に注意

相談マニュアルを作成する際には、特にいわゆる二次被害（相談員の言動が相談者に二次的な被害を与えること）を防止するための必要事項も含むことが強調されています。

二次被害とは、相談員が相談者に心無い言葉をかけて傷つけることをいいます。それ以外でも、相談窓口が迅速に適切な対応をしなかったことにより噂が広がってしまったり、相談者が相談したことを知った行為者が更なる加害行為にでたりということもあります。相談したことで起きるあらゆることを想定した対応が求められます。

■相談マニュアルが必要

いずれにせよ、マニュアルには相談員の役割（やっていいことと悪いこと、特に迅速に適切な対応をすることなど）を明確にして、初期対応の誤りを防ぐことが必要です。

(5) 事案に係る事実関係を迅速かつ正確に確認すること

チェックポイント

□相談窓口担当者、人事部門又は専門の委員会等が、相談者及び行為者の双方から事実関係を確認すること。また、相談者と行為者との間で事実関係に関する主張に不一致があり、事実の確認が十分にできないと認められる場合には、第三者からも事実関係を聴取する等の措置を講ずること。

□事実関係を迅速かつ正確に確認しようとしたが確認が困難な場合においては、法に基づく調停の申請を行うことその他中立な第三者機関に紛争処理を委ねること。

効果的実施のポイント

■相談から解決までの流れができているか

相談窓口が形式的なものになってしまっているかどうかが問われるのが、実際の解決に向けての流れです。そこで、実際の流れを想定しながら注意点を考えてみましょう。

まず、①相談を受けた相談員がどのように、どこまで対応するのかを明確にしておく必要があります。次に、②相談員の段階で終わらない場合の次の段取りを決めておくことです。さらに、相談を経てから解決に向けて、③相談者の申し立てを受けて苦情処理委員会などの受付ルールが必要になります。以降の流れは、④苦情処理委員会の調査・聞き取りなどのやり方を明確にしておく、⑤苦情処理委員会の処理方法を決めておく、などの流れで対応が進みます。こうした流れと段取りが明確になっていることが必要です。

■迅速、的確な対応が大切

さて、以上のような流れで苦情処理対応は進められますが、こうした取組みがスムーズに、迅速に行われることが大切です。その理由は、取組みが遅れることで、①事実調査が困難になる、②事態がさらに悪化する、③行為者が真実を語らなくなる、などの弊害が出てくるからです。

したがって、迅速に的確な取組みを進めることは、苦情処理の大きなカギになるともいえます。

■相談員の役割の明確化

そこで、そうした迅速な取組みのための注意点ですが、①「相談員の役割の明確化」は、相談員に大きな負担をかけないために、相談員の役割をはっきりさせておくことが必要です。また、相談員が相談を抱え込んでしまい時間が経過しないようにするために、②解決までの時間的な目安をはっきりさせておくことが必要です。

■解決手法を用意する

「処理方法」は、問題の性格や深刻度に応じて「通告」「調整」「和解」「調査」などいろいろな手法と進め方を決めておきます。そして、その事案に適した処理方法を取ることです。

「調査」などでは、特に「双方の言い分が異なり、ジャッジが難しい」ことなどを想定して、その調査手法を検討しておくことがいいでしょう。具体的には、①周囲の第三者の聴取（行為者の日頃の言動や二人の人間関係性）はもちろんですが、②被害者の日記や相談相手の有無、③被害者・行為者の主張の矛盾と一貫性の裏付け、④事件の起きた場所・時間（不自然さはないか）、⑤被害者が申し立てる不利益（特に、あえて申し立てる利益はあるか）、⑥被害者・行為者の心情（当時・現在）、⑦被害者・行為者の事件時の言動（詳細さや自然さ）などを調べてジャッジします。

また、解決方法は、幅広い手法をもち、その活用ができることで解決能力が高くなります（解決の具体的な処方は、5章で詳しく触れます）。

(6)　(5)により、職場におけるハラスメントが生じた事実が確認できた場合においては、速

やかに被害者に対する配慮の措置を適正に行うこと

チェックポイント

□事案の内容や状況に応じ、被害者と行為者の間の関係改善に向けての援助、被害者と行為者を引き離すための配置転換、行為者の謝罪、被害者の労働条件上の不利益回復、管理監督者又は事業場内産業保健スタッフ等による被害者のメンタル不調への相談対応等の措置を講じること。

□法に基づく調停その他、中立な第三者機関の紛争解決案に従った措置を被害者に講じること。

効果的実施のポイント

■大切な被害者の人権回復の視点

ここで大切なことは、行為者処分と被害者のプライバシーなど微妙な問題が絡んでくることです。考え方の基本は、行為者処分も含めた被害者の人権回復です。現実には、被害者が「行為者処分も含めた解決」を強く望む場合もあれば、行為者の「謝罪」を前提にして「できるだけ処分をしない（大袈裟にしないなど）」という被害者感情の幅が出てきます。したがって、こうした被害者の意向も尊重しながら解決を考えていくことが大切です。

■人事的な発想に陥らないこと

人事的な発想から「処分」にこだわることは、「処分で一件落着」の発想になりがちなので注意が必要です。ハラスメントは、「処分で一件落着」ではなく、「処分も含めた被害者の人権回復」が最終目標であることを忘れてはいけません。

解決が図られた後の、職場への完全復帰のための様々な措置（不利益回復、周囲の人間関係、配置転換、復帰プログラムの作成、メンタルケアなど）も大切です。ケースによって異なる様々な対応を含めた解決が図られる必要があります。そうした配慮の一環に「処分」行為も位置付ける必要があります。

■使用者責任の視点が大切

こうした被害者配慮を基本にしながらも、もう一方で組織として問われる使用者責任の問題もあります。それは、組織として厳しく対応しないことや、厳正な対処をしないことによって生じる責任です。

そうした問題に適切に対処するためには、被害者感情を尊重しながらも、学校のスタンスとして、秩序維持という学校独自の観点から行為者に厳しく臨むという姿勢が求められることも忘れてはいけません。

(7)　(5)により、職場におけるハラスメントが生じた事実が確認できた場合においては、速やかに行為者に対する措置を適正に行うこと

チェックポイント

□服務規程その他の職場における服務規律等を定めた文書における八ラスメントに関する規定等に基づき、行為者に対して必要な懲戒その他の措置を講ずること。併せて事案の内容や状況に応じ、被害者と行為者の間の関係改善に向けての援助、被害者と行為者を引き離すための配置転換、行為者の謝罪等の措置を講ずること。

□法に基づく調停その他中立な第三者機関の紛争解決案に従った措置を、行為者に対して講ずること。

効果的実施のポイント

■懲戒処分の具体化

懲戒処分については、過去の類似案件とのバランスを考慮して行い、就業規則などになるべく具体的にしておくことが必要です。国家公務員や地方公務員の規定が参考になります。

■職場環境改善を視野に

とかく処分で一件落着ということになりがちですが、ハラスメントは「就業環境の問題」であるという視点で、被害者と行為者の関係改善に向けて、①謝罪文の交付、②配置転換など両者の引き離し、③精神的な苦痛への損害賠償（医療費負担など）、④被害者のカウンセリング、⑤被害者の労働条件の不利益回復なども含めた解決が望まれます。

■引き離し、配置転換等の際の注意

問題発生から事後の職場環境の改善では、両者の引き離しが重要です。基本は行為者の配置転換で対応し、やむを得ない場合に被害者の同意を得て、被害者の配置転換で対応するのがいいでしょう。

(8) 改めて職場におけるハラスメントに関する方針を周知・啓発する等再発防止に向けた

措置を講ずること。なお、職場におけるハラスメントが生じた事実が確認できなかった場合においても、同様の措置を講ずること

チェックポイント

□職場におけるハラスメントがあってはならない旨の方針及び職場におけるハラスメントに係る言動を行った者については厳正に対処する旨の方針を、通知文書やパンフレット、ホームページ等広報又は啓発のための資料に改めて掲載し、配布すること。

□職員に対して職場におけるハラスメントに関する意識を啓発するための研修、講習等を改めて実施すること。

効果的実施のポイント

■最大の対策は予防

職場のハラスメント問題への最善の対策は予防であると言っても過言ではありません。

どんなに些細なトラブルであっても、起きてしまえば様々な人間関係についての後遺症を

残してしまいます。そこで大切なことは、予防に向けて職員に日ごろの言動などを見直す問題意識をもってもらうことです。

■効果的な研修

研修は予防に効果的な役割を果たします。予防に向けては、規則や罰則を強化することも効果的ですが、罰則の強化などは「大袈裟になる」という認識も広がるため、かえって問題を出しにくい雰囲気を生み出すこともあります。

そこで、各自が気づきの機会がもて、何が問題なのかを理解できる研修がきわめて大きな予防効果を発揮することになります。そうした学習効果を高めるためには、①テーマを具体化する（当事者意識をもつために具体的で身近な事例などで考える）、②討議（ワークショップ）などを利用することがいいでしょう。

■周知することの大切さ

学校としての取組みが様々にあっても、教職員に周知徹底しないかぎり、絵に描いた餅になりかねません。そこで、あらゆる機会を通じて教職員への周知を図る必要があります。口頭での伝達も効果的ですが、やはり文書によるものがわかりやすく、一般的といえます。学内報や掲示などあらゆる場面で周知を図ることが必要です。

■再発防止と事件公表

再発防止に向けた取組みで一番大切なことは、実際に職場で起きたハラスメント事例を公表して、その原因をはっきりさせ、その再発防止に向けた具体的な予防策を打ち出すことです。しかし、この事例公表には、被害者・行為者のプライバシーや組織としての姿勢の問題が絡んできます。

そこで、被害者・行為者のプライバシーに配慮しながらも、事例公表に向けた取組みが求められます。中途半端な公表は、かえって職場に憶測や噂を呼び起こしたり、非公表が次の被害を防止できない原因になることなども考慮する必要があります。

特に、事件の現場となったセクションなどへの公表や事後説明は、可能な限り行うことが再発防止への意識づけとして大切になります。他の処分に準じた公表基準を検討することや、事例を特定できないやり方で公表するなどの工夫が必要です。

また、直接公表はできなくとも、事件後の再発防止研修で、講師に類似事例を取り上げてもらってワークショップを行うなども効果的です。

■実態を把握することが大切

「うちの学校ではハラスメントはないだろう」という思い込みや、「この程度のことはハラスメントには当たらない」という職場では事態をまったく認識できないケースが多いのが、ハラスメント問題の特徴です。そこで、職場の実態を把握することで、取組みの必要性や重要性を再認識すると同時に、職員間の意識差についての理解を深めるためにも実態調査は大切です。

■職場の風土・体質を知る

ハラスメントの認識については、学校の風土や体質などによって大きな感覚の差がみられます。多くの人たちが自分の学校では常識だと思っていても、外部からは非常識な言動と見られたり、時には自分たちの経験から「この程度のことは……」と思っていたことが、年齢、性別やポジションの違いで、部下に大きな苦痛を与えることになっていたなどという事例も決して少なくありません。

そこで、あらためてハラスメントについての実態と認識差を知り、認識を共有化していくことが大切です。こうした目的で行われる実態調査は、足元を見つめ直すきっかけにもなり、取組みのスタートラインになるものと言ってもいいでしょう。

(9)　職場におけるハラスメントに係る相談者・行為者等の情報は各々のプライバシーに属

するものであることから、相談への対応又はそのハラスメントに係る事後の対応に当たっては、相談者・行為者等のプライバシーを保護するために必要な措置を講ずるとともに、その旨を職員に対して周知すること。なお、相談者・行為者等のプライバシーには、性的指向・性自認や病歴、不妊治療等の機微な個人情報も含まれるものであること

チェックポイント

□相談者・行為者のプライバシー保護のために必要な事項をあらかじめマニュアルに定め、相談窓口の担当者が相談を受けた際には、そのマニュアルに基づき対応するものとすること。

□相談者・行為者のプライバシーの保護のために、相談窓口の担当者に必要な研修を行うこと。

□相談窓口においては相談者・行為者のプライバシー保護のために必要な措置を講じていることを、通知文書、パンフレット、ホームページ等広報又は啓発のための資料等に掲載し、配布すること。

効果的実施のポイント

■無意識のプライバシー侵害に注意

この相談者・行為者のプライバシー保護のために一番必要なことは、関わる人たちのプライバシーへの理解です。プライバシーでは何が問題になりがちなのかを理解していないと、いくらルール化しても効果がありません。よく起きることは、「本人のためを思って……」という善意での間違いです。

例えば、調査の段階で行為者に「被害者はこう言っているがどうか」と聞くことで、被害者の訴えの内容を行為者に伝えてしまうことがよくあります。「被害者の被害を行為者に認めさせるため」という目的はあったとしても、重大なプライバシー侵害になることがあります。

■気安さから起きる人権侵害

逆に、行為者の事情聴取から得た情報で、「行為者はこう言っているがどうなのか」など被害者に質問をするケースも問題になりがちですから要注意です。さらに、関係者同士の会話や情報交換の段階でも注意が必要です。お互いにある程度事実を知った者同士の気安さから、被害者や行為者の話を安易にしてしまうことが問題になります。特に、相談員が事情をよく知っていることから、苦情処理委員会の活動に過剰に関わることで被害者・行為者のプライバシーが知られるところとなり、委員会の公平性が問われることがあります。

■解決後の気のゆるみも注意

事件解決後の気安さからの関係者の発言や、時間が経った段階での関係者の酒の席での事件に触れた発言が問題になることがあります。こうした後日にいたるプライバシー保護とそれに関する違反への罰則をキチンと規定しておくことが大切です。

■機微な個人情報への配慮

相談者・行為者等の性的指向・性自認や病歴、不妊治療等の機微な個人情報もプライバシーに含まれます。

⑽　**職員が職場におけるハラスメントに関し相談したこと又は事実関係の確認に協力したこと等を理由として不利益な取扱いを行ってはならない旨を定め、職員に周知・啓発すること**

チェックポイント

□服務規程その他の職場における服務規律等を定めた文書において、職員が職場におけるハラスメントに関し相談したこと、又は事実関係の確認に協力したこと等を理由として、その職員が解雇等の不利益な取扱いをされない旨を規定し、職員に周知・啓発すること。

□通知文書、パンフレット、ホームページ等広報又は啓発のための資料等に、職員が職場におけるハラスメントに関し相談をしたこと、又は事実関係の確認に協力をしたこと等を理由として解雇等の不利益な取扱いをされない旨を記し、職員に配布すること。

効果的実施のポイント

■周囲のサポートが大切

ハラスメントは、個人のプライバシーに関わるデリケートな問題であることから、周囲もいろいろと配慮が必要になります。特に、被害者に訴えたことによる不利益が及ばないようにすることは大切です。トラブルメーカー扱いや、異動などでの不利益はもちろん、職場での上司の配慮が特に必要になります。また、周囲の人たちの問題解決への協力や、サポートも欠かせません。こうした当事者へ及ぼす影響を考慮して、決して不利益が及ばないようにルールを定めておくことが大切になります。

■関係第三者の守秘義務

事案の判断が難しいケースでは、周囲の第三者へのヒアリングが行われますが、この場合にヒアリングを受けた第三者が気軽にそのことを職場で話題にすることがないように、守秘義務を徹底することが大切です。そのための定型の守秘義務の確認書を用意して、確認のサインをとることが効果的です。

■当事者間の守秘義務も大切

当事者間の問題解決時点での双方の守秘義務の確認も大切です。後日、行為者や被害者が宴席で話題にされたり噂をされたりということで、二次被害が起こりがちなことにも注意が必要です。解決の段階で、解決内容を確認する和解書、合意書に必ず守秘義務条項を入れることがいいでしょう。

5章

起きたらどのように対応するか

——事例で考えるハラスメント対策

３章の裁判事例でみてきたように、学校を舞台として起こされるハラスメントは多様です。しかし、その多くは、学校側の対処が適切でないなど不手際が紛争を拡大させ、いわば無用な争いとなっている側面もうかがえます。すでに見てきた措置義務などに沿った適切な対応が行われ、解決に向けた努力が適切になされることで、無用な争いを避けることは可能です。そこで本章では、そうした職場内解決を中心に考えていくことにします。

1 どんなことが起きているのか

どのようなハラスメントが学校で日常的に起きているのかを知るために、職場アンケートで出されている実際の訴えを見てみることにします。以下のように、様々なハラスメントが起きていることが分かります。

①管理職―教職員間

▽校長から「あなたは教師に向いていない」「別の道を選んだ方がいい」と言われた。

▽人事評価の面談で、教師としての問題点を強い口調で指摘された。
▽年休の取得に関して、学校運営上支障があるとして時季を勝手に変えられた。
▽仕事が終わらないので残業したいと申し出たら、「時間内に終えられないのは能力がないからだ」と言われ、強制的に退校させられた。
▽保護者との飲み会で「こいつは真面目過ぎて冗談が通じないんです」と言われた。

②教職員同士

▽学年の飲み会への出席を断ってから、意図的に情報が共有されず孤立した。
▽ＩＣＴのスキルが高い教員が低い教員のフォローを行わず、侮蔑するように接する。
▽生理休暇をとったら、「教員としてありえない」「怠けている」と言われた。
▽長期休暇を取っているのに、「休暇中でも部活は別、部活に休みはないんだから」と言われた。
▽「生徒のことに熱心なのもいいが、仲間内の飲み会を優先しろ」と言われた。
▽育児休暇をとったら「権利は権利だけど、何のために学校に来たの？」と言われた。

③教員―児童・生徒

▽部活動に熱心なあまり生徒の体に触れる教師がいて、生徒が嫌がっている。

↓膝にのせる、手を握る、肩を抱く。部活などでマッサージをしたり、教員の身体に触らせる。体育の授業や補助、書写やパソコン、各種実習などの指導で身体を触る。
▽児童・生徒の着替えを見たり、水着姿の写真を貼る。指導上必要のない教職員が身体測定を見るなどの行為がある。
▽プライバシーに関することを話題にする。下着のサイズ、生理の日、性体験、付き合っている人の有無などを聞く。
▽遅刻や忘れ物、試合の負けなどの懲罰として、下着姿にして走らせたり、性的な羞恥心を懲罰として与える。
▽児童の性自認をからかうような配慮に欠ける言動をする教員がいる。

④教職員—教育実習生

▽実習生に対し、指導担当教員が「君は教師に向いてない」などの言動を繰り返す。
▽「あなたがクラスをまとめられないのは人として未熟だから」と懇々と説教をされた。
▽「実習生は他の先生にお茶くみをするしか感謝の気持ちを返せないだろう」と言われた。

⑤教職員—保護者

▽女性では指導が厳しくできないとの理由から、担任を男性に代えるよう保護者から要望が出された。
▽生徒指導をめぐって「そんないい加減な指導で給料をもらっているのか、先生はいいよな」と嫌味を言われた。
▽産休をとって教室にもどったら、保護者会で「自分の子どもより教室の子どもを優先しろ」と言われた。
▽保護者会の場で「先生の教え方は古い、勉強不足だ」と非難された。
▽「保護者仲間にたきつけて、学校にいられないようにしてやる」と言われた。

⑥地域住民から

▽地域の方が学校の指導場面の一部を見て、パワハラではないかと通報してきた。
▽「地域活動への参加も生徒の教育指導の一環だろう」と参加を強要された。

2 教育環境配慮義務が問われる

近年、教育現場のハラスメントの裁判では、学校等の教育環境配慮義務が繰り返し言われるようになってきています。この教育環境配慮義務については、セクシュアル・ハラスメント裁判では職場環境配慮義務として、なじみの言葉となっていますが、要は「ハラスメントを起こさない仕事のしやすい職場環境を用意することは使用者としての責任である」という考え方です。

職場のパワー・ハラスメントが裁判で注目を浴び、上司の叱責によるうつ病自殺が労働災害に認定されるという事件が世間にショックを与えました。そして、こうした裁判では職場いじめに対処しなかった企業が企業責任を求められ、うつから自殺に至ったケースなどでは、企業の職場環境配慮義務が問題にされることになってきました。

これまでであれば、上司が部下を厳しく叱責することは当たり前であり、職場ではよくあることとされてきました。しかし、職場での人間関係が変わり、これまでとは違う人間関係のなかでは、行き過ぎた叱責やいじめも労働災害になることもあるというジャッジもさることながら、そこでの使用者の責任が問われたことに大きな意味があります。

教育現場でも、同様にうつ病自殺などの事件では、労働災害認定をめぐって学校の安全配慮義務違反が問われるようになってきています。職場環境配慮義務は、労働災害での使用者の不法行為の責任を問うという考え方を基本にしています。しかし、より広く注意義務という考え方を入れて、職場環境全体への配慮を義務としたのです。

教育環境配慮義務は、教員などの職場の環境だけでなく、教育の場として教育環境全般も視野に入れた考え方だと言ってもいいでしょう。つまり、教育の場では、学生からのハラスメントの訴えなどを放置しておいたことによって、教育環境への配慮義務違反ということで学校の責任も問われる可能性があるという認識をもたざるをえない状況が出てきたということです。

学校も、ハラスメントを予防し、起きた場合にも迅速に適切な対応をすることが求められます。こうした責任を果たすためには、予防だけでなく万が一起きてしまった場合に対応できる万全の準備が必要になります。

まさに、ハラスメント対応に向けた学校としての取組みは、こうした教育環境配慮義務を果たすためのシステムです。従って、教員や学生に向けた温情的なサービスのシステムではなく、学校の労務管理、もしくは危機管理としての発想をもった取組みが必要になります。

3 なぜ、職場内解決がいいのか

ハラスメントをめぐっての争いは、すでに見てきたように、起きる人間関係が多様なだけでなく、原因も多様であり、一つ一つの紛争が様々な色彩をもって現れます。一見、同じような事件でも、登場人物の性格や考え方に左右されることになり、同じ事実についても受け止め方は人によって様々です。

些細な言葉であっても、それを聞き流すことができる人もいるし、見逃しにできない人もいます。また、こうした学校内で起きるトラブルであれば、特殊なケースを除けば、「相手を辞めさせせよう」とか「相手をダメにしてやろう」などという悪意あるものよりも、「より効果的、効率的に教育をするために」であったり、「何とかいい仕事をしたかった」「相手のためを思って言った」「よかれと思って注意をした」などというケースが多いのも事実です。

しかし、そんな経緯ではあっても、お互いの感情の行き違いや成り行きで「辞めてしまえ」とか「絶対に許せない」という発展をしてしまうことが多いことも事実です。まさに、当事者にそうした確信的な悪意がないまま、成り行きで事態が発展し、お互いに引くに引けない状態にまでなってしまうケースが多いのです。

それでも、解決できない限り、エンドレスで不毛な争いにならざるをえないのもハラスメントをめぐる争いの特徴です。こうした事態は学校にとっても、また当事者にとっても決していいことではありません。まして、当事者も望むところではないにもかかわらず、そうした発展をしてしまう事例も決して少なくありません。

そんな事態を回避し、職場内でのコミュニケーションを活用してお互いに納得できる解決ができればそれに越したことはありません。そうした、お互いのコミュニケーションを活用して、学内で解決することこそが職場内の解決技法です。

つまり、当事者同士の言い争いでは解決のつかないハラスメントの訴えを学内相談システムで受けて、学内解決の手法で処理されることで、そのトラブルの多くは学内コミュニケーション・ギャップとして処理することが可能になります。そして、それを可能にする手法こそが、職場内解決技法（調整・調停による和解など）です。

ハラスメントは職場内で解決するやり方がいいという第一の理由は、そのスタートラインである争いの原因の多くは、仕事の進め方や段取りをめぐる言い争いであるということです。そうであるとすれば、まさに学校の仕事を進める上での問題、つまり人間関係を含めた教育指導上の問題であるということです。

もっと言えば、争点の多くは仕事の改善を求める点での争いであることから、方向性を変えることで、職場環境の改善のきっかけにもなるという点では学校運営にとっても有益なことです。

第二の点は、学校内の仕事を巡る言い争いということになれば、学校外の現場を知らない第三者よりも現場に精通した人たちのもつ価値観、まさに現場のスタンダードを入れて判断することがより現実的な解決がしやすいということになります。

職場には長年培ってきた職場の仕事の段取り、そして役割分担など仕事の進め方をめぐる合意されてきた土台があります。また、そうした仕事を進めるための呼吸合わせに似た、微妙な人間関係がつくりあげられています。したがって、ハラスメントなどで相互の言い分を理解し調整するには、それぞれの職場の仕事の進め方や指導・教育の実情を加味した判断が求められることはいうまでもありません。すなわち、外部の第三者の判断に委ねて、その実情を無視して判断を下すことは難しいということです。

三点目は、場合によってはこれが最大の理由と言えるかもしれませんが、争い事が発展して、当事者が退職するなどという究極の選択を避ける解決が求められるという点です。争いが学校外に出ることは、ある種のルールなき争いということになり、そうなれば辞める覚悟を前提にした言い争いになりがちです。こうしたルールなき争いへの発展に歯止めをかけ、学内ルールでの解決に向けた効果が期待できることです。

4 解決に向けたシステムが必要

ハラスメントをめぐる争いは権利紛争であり、権利紛争の解決には、徹底した話合いと納得性が必要だということがあります。同じようなことを言われたり、同じような目にあったとしても、そのことを許せる人もいるし、許せない人もいます。その多様性が、ハラスメントをめぐる争いの性格の特徴です。

したがって、そうした問題の解決手法も多様にならざるを得ません。基本的なことで言えば、ハラスメントをめぐる争いは、俗に言う金銭をめぐる経済紛争とは違って、線引きが難しいともいえます。金銭のやり取りや駆け引きであれば、数字を基準にしてやり取りを重ねて折り合いがつけられますが、権利紛争では、そうした手法が取れません。

そうした場合には、お互いの主張をとことん尽くして、お互いの満足を得られる解決を目指そうとする手法が必要となります。とりあえずは、両者の言い分を尽くすということがスタートになります。そこで、職場であらかじめ用意された土俵があれば、喧嘩腰の話し合いではなく、職場問題としての解決ルールに従った話し合いということが可能になるということです。

つまり、この手法によれば、画一的な解決だったり、勝ち負けを判断する手法ではなく、ジグソーパズルのように入り組んだ組み合わせを入れた解決手法による和解を目指すことができるということです。そして、そのための第三者を入れた土俵が必要になります。すでにみてきた法律が求める措置義務では、次のような解決に向けたシステムが想定されています。

まずは、こうしたシステムを校内にキチンと設置することがスタートラインになります。

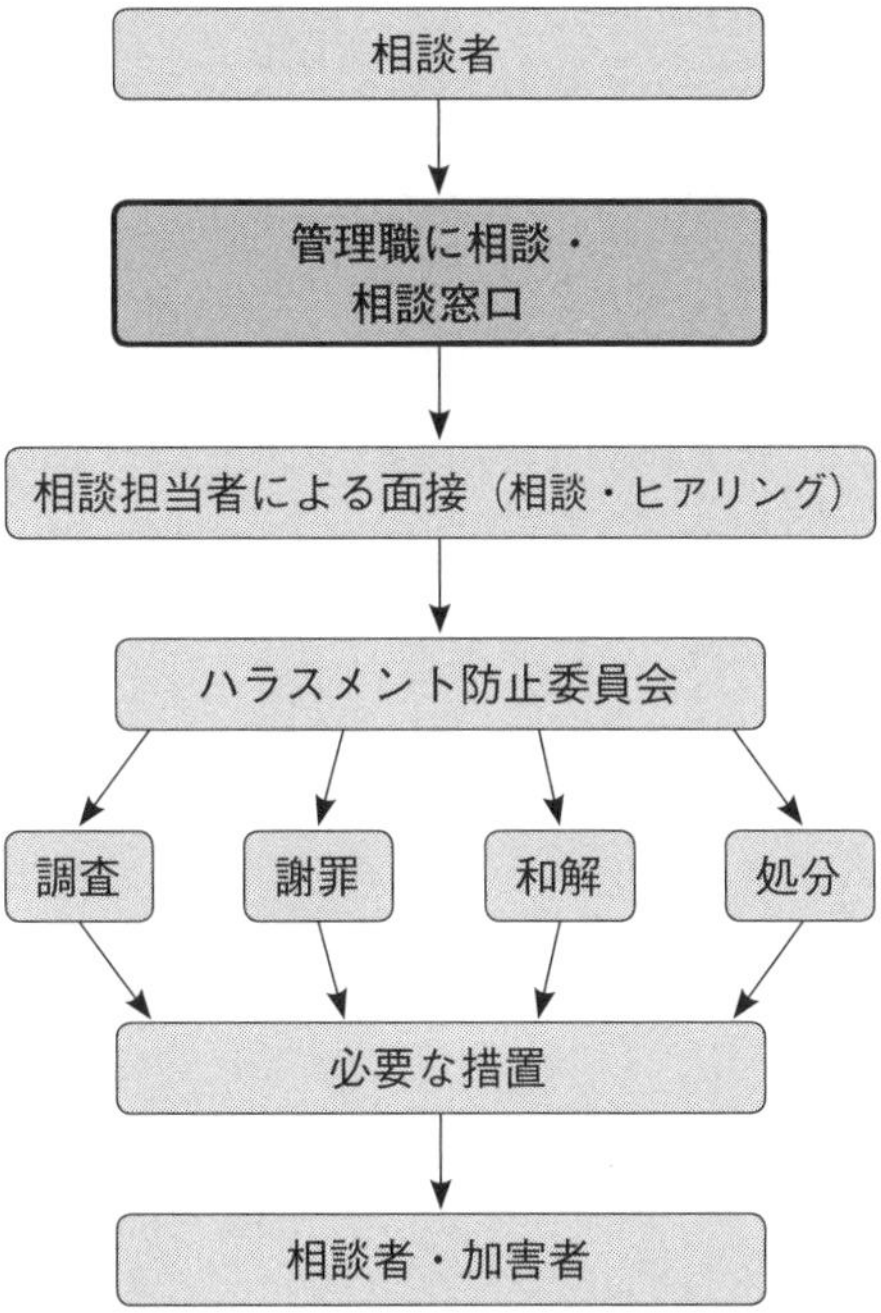

そして、こうしたシステムが有効にその機能を果たすためには、校内とはいえ、そのシステムに係わる人たちの第三者的中立性の確保が決め手になります。

場合によっては、相談窓口の外部委託や、文字通り弁護士をはじめとする第三者を対策メンバーに加えるなどの工夫が効果的です。しかし、そうしたことが財政事情などで難しい場合には、極力中立性を保つようにルール化する必要があります。

特に、学校内での解決システムではそのことが強調される必要があります。学校の名誉のためにことを穏便に済まそうとしたり、校長の側に立って教師を押さえつけるような発想では、こうした機能を果たせないことになります。和解を進める場合の仲介者は、双方から期待され信頼される中立的な機能を果たせないかぎり役目を果たせません。

そのためには、この種のシステムが紛争当事者にとって必要なだけでなく、学校にとっても求められている機能であることを、改めて強く自覚しておく必要があります。

5 ハラスメントと解決手法

さて、ここまではセクハラとパワハラを、ハラスメントという共通した括りで説明してきました。その理由は、本質はどちらもハラスメントということでは共通だからです。しかし、改めて言うまでもなく、言葉の違いが示すように、それぞれの問題としているテーマの違いがあります。

セクハラは、文字通り性に関わる人権侵害がメインテーマですが、パワハラで問題となっていることは、職場での業務指導やその際における叱責などを通じて起きる人権侵害です。性における人権侵害は性差別を原因に起きることに対して、パワハラでは職場の地位とコミュニケーションのあり方が問われるテーマです。

ここで考えておかなければならないことは、そうした違いからくるパワハラとセクハラの苦情処理上の違いです。特にパワハラの苦情については、セクハラとは違ってコミュニケーション・ギャップが大きな原因となって起こされるケースが多いのが特徴といえます。セクハラは仕事とは無関係な、明らかな性的侵害であることを前提にして、被害の申立てによって直ちに調査から処分などにつながる手順が中心となります。しかし、パワハラでは、人権侵害であるかどうかの判断も含めて、そこにある仕事上のコミュニケーション・ギャップについての判断が大切となります。

つまり、明らかな人権侵害であるパワハラは別として、パワハラは相互にある業務上のコミュニケーション・ギャップについての対応が解決の入り口になるということです。したがって、解決に向けては、まず調整や斡旋という相互のコミュニケーション・ギャップを解消したり、相互に生じている誤解を解くことによる和解などの手段を重視することが大切になります。

セクハラの場合との違いは、こうしたコミュニケーション・ギャップの解消によって多くのケースが解決可能であり、むしろこうした解決法が有効であるということになります。その理由は、行為者の自覚や気づきが大切になるからです。

行為者があくまで善意であり、いわゆる熱血指導を主張するようなケースを想定してもらえると分かりやすいと思います。こうしたケースで、権利侵害の部分のみを取り上げて処分をしても、本当の意味での解決にはなりません。

つまり、こうしたケースでは、処分本来の懲罰効果やみせしめ効果が逆に作用することも考慮に入れる必要があります。強引な処分などで行為者にも納得できない割り切れない思いが残り、周囲にも指導についての及び腰や遠慮が生まれるようなことになれば、そうした点からは逆効果といえます。

したがって、パワー・ハラスメントの苦情処理に当たっては、これまでの業務指導の在り方についての問題点を是正するということも視野に入れながら、そこにあるコミュニケーション・ギャップを是正することで解決を図ることが大切です。

その意味では、パワー・ハラスメントという訴えを一つのきっかけにして現れる、職場の上司と部下のコミュニケーション・ギャップをどのように解消していくのかが問われているとも言えます。

そこで、両当事者の言い分の中にあるコミュニケーション・ギャップを埋めることで、被害者の人権侵害を救済することになります。したがって、行為者にも納得と了解を求めることを前提に、反省と今後への改善を求めることに最終的な目的があると言えます。

そうした目的を達成するには、セクハラに対応する手法がそのままパワハラにも有効ということにはなりません。そこで、パワハラについては、目的に合うツールが必要となります。

具体的には、①通知、②調整、③調停など斡旋による和解を試みるシステムを、④の調査以前の苦情処理手法として用意することです。その具体的な機能や規定の仕方については、次のようになっています。

6 パワハラと解決手法

ここでは、特にコミュニケーション・ギャップから生じるパワハラを中心に、その解決について考えていくことにします。パワハラでは、セクハラのように、被害者から訴えられた事実をもとに調査を進めて、被害についての事実確認に基づいて処分を考えるという、いわゆる「調査」という手法が必ずしも有効にはなりません。

なぜなら、その訴え（被害者の訴えが主観的であることも多い）をもとに調査を進めることでかえって感情的な対立を深め、解決困難をもたらすこともあるからです。そこで、こうしたコミュニケーション・ギャップも包み込んだ解決を考えた対処（＝解決手法）が求められることになります。

以下では、そうしたパワハラの実例に沿って解決手法について考えていくことにします。最初に、その解決技法としてのツールについて示しておけば、①通知、②調整、③調停、④調査、といった手法が一般的です。それぞれの手法についてのおおよそのイメージは、次のようなものです。

(1) 通知

「通知」は、相談者より被害申し立てがあったことについて、行為者に注意喚起＝教育的指導としてその内容を通知し、反省を促すものです。進め方と段取りは次のようになります。

①相談者が特定されないように匿名で行うものとし、相談者の安全とプライバシー保護のために最大限の配慮を行います。

②原則的には行為者本人だけに行われますが、場合によっては上司など関係者立ち会いのうえ行われるケースがあります。

③通知の内容は、申し立てられた被害内容について提示したうえで、今後についての注意を促すこととし、被害申し立てについて相談者や関係者の探索、嫌がらせ、報復などの行為があった場合には、処分されることを伝えます。

④行為者が通知内容について意見を述べた場合には、記録を残します。その上で基本的な了解を得られれば、通知は終了します。しかし、内容について意見にとどまらず、異議がある場合については、行為者は異議申し立てができます。

(2) 調整

「調整」とは、相談者及び行為者双方の主張を公平な立場で聞き、調整し和解させることで問題解決を図ることを言います。

①相談者が調整を求める場合は、調整委員会を設置して両当事者からのヒアリングを重ねて調整を行います。

②調整は、あくまで両当事者の円満和解を目指して、双方の意見を調整し、そこにある誤解やわだかまりを解消することを目的とします。したがって、当事者が望む場合には、調整委員会が当事者の話し合いに立ち会う場合もあります。

③調整の結果、円満に和解が成立した場合には、委員会立ち会いによる和解文書の作成を行います。

④調整はあくまで自主的な解決が目的ですから、不調の場合には、相談者は他の問題解決手続きを求めることができます。

(3) 調停

「調停」とは、両当事者間では調整できなかったものについて第三者である調停員が調停案を提示し、それをもとに調停します。相談者の中立て内容に沿って、相談者の権利回復を目的として当事者間の協議を援助し、調停者の意向も入れて解決を図るものです。

①相談者が調停を求める場合は、調停委員会を設置して両当事者からのヒアリングを重ねて調停を行います。

②調停は、あくまで両当事者の円満和解を目指して、対立する双方の意見を調停し、そこにある対立点の解消を目的とします。したがって、当事者が望む場合には、調停委員会が当事者の話し合いに立ち会う場合もあります。

③調停の結果、円満に和解が成立した場合には、委員会立ち会いによる和解文書の作成を行います。

④調停により自主的な解決ができなかった場合には、委員会は独自に調停案を作成し、両当事者に提示します。当事者のどちらか一方でも調停案に合意できなかった場合には、

その調停案をもとに調査委員会へ移行します。

(4) 調査

「調査」とは、通知、調整ならびに調停という手段では相談者の権利回復が困難であると判断される場合、相談者の申立てによって行為者の処分など必要な措置を目的に調査活動などを行うものです。

①相談者が調査を求める場合は、調査委員会を設置して両当事者からのヒアリングを重ね、関係者から意見聴取を行うなどの調査活動を行います。

②調査委員会は、公正・中立性・客観性を担保するために、委員の選任に当たって学外の特別委員を加えることもあります。

③調査委員会は3か月を目途に調査活動を行い、調査結果をまとめ、環境改善や処分に関する提案を関係セクションに行います。

④関係するセクションは、その提案を受けて、早急に改善や処分などを行い、その結果について委員会に報告します。

こうした様々な解決のためのツールを用意することによって、当事者には事前に解決手段が示されることになります。そして、相談者は、これらの手段から申立てに見合った解決手段を選択することができることになります。

7 どのように解決するのか

以下では、冒頭に示したアンケートなどから典型的な事例を取り上げて、それぞれにどの手法がどのように活用されるのかについて、実例をもとに現実的な対応をみていくことにします。

(1) 注意喚起＝教育的指導には「通知」で対応

事例1 校長が〝歩くパワハラ〟で誰も意見が言えない

本校の校長はまさに〝歩くパワハラ〟という言葉がピッタリのタイプの人です。仕事熱心で意欲も強く、〝生徒目線での教育〟がモットーで保護者からの信頼も厚いのですが、私たち教師にとってはそんな校長の下での仕事は恐怖の日々です。朝から怒鳴りまくるのは日常茶飯事で、時には全員の前で罵倒され、「今月は給料を返納しろ」「辞表を出せ」と罵られることもしばしばです。言っていることや指摘されることは間違いではないのですが、その言動で心身に不調をきたす人も多く、異動希望者も多く出ています。しかし、誰もが認める実力者であるため、報復を恐れて声を出せません。

――こんな苦情は教育現場でよく聞く話です。校長に権限が集中していることもあり、正面切って意見を言う人もいない状況です。しかし放置しておけば、こうした訴えはいずれ教育委員会や外部への訴えとなり、大きな問題に発展することになりかねません。

解決策 〝歩くパワハラ〟には「通知」で対応

こんな匿名での訴えにはどのように対処すればいいでしょうか。誰もが不安を感じているのに言い出せない、つまり匿名性を確保しながら何とかしてほしいという訴えへの対処として考えられるのが「通知」という手法です。

「通知」というのは、相談者の被害申立てにより、行為者に対して申立てがあったことについて注意喚起＝教育的指導を目的に、申立て内容を通知するというものです。

以下、その手順をこのケースにあてはめて改めて触れておきます。

①通知は原則として相談者が特定されないように匿名で行うものとし、相談者の安全とプライバシー保護のために最大限の配慮（通知内容から被害者が特定されないように、個人が特定されそうな事実は伝えないなど）が必要です。このケースでは誰もが恐怖を感じているということで、誰から苦情を出されてもおかしくない状況で、申立て者が特定されない可能性が高いケースになっています。

②通知は、原則的に行為者本人だけに行われますが、場合によっては、副校長などの関係者に立ち会いを求めることもいいでしょう。通知後は副校長が見守り役を果たすことも期待ができるケースとなります。

③通知の内容は、申し立てられた被害内容を行為者に提示して、注意を促すことを目的としていますので、基本的には一方的な通知で完結します。このケースでは納得できない

校長からの反論があるかもしれませんが、反論がある場合など被通知者が意見を述べたい場合には、意見の記録を残し、後日への資料とします。しかし、意見にとどまらずに、異議がある場合には異議申立てができます。その場合には申立て人の意向も検討の上、調整、調停、調査という次の段階へ移行します。

④被害申立て者に関する詮索、嫌がらせ、報復などの行為については禁止されていることを伝え、これに違反した場合には処分があることを伝えます。

こうした通知をすることで行為者に気づきのきっかけを与え、本人が反省・注意することで問題の解決を図るというシステムです。熱血指導型の校長は、教育熱心のあまりの行き過ぎということが往々にして起こりがちです。こうした主観的なタイプの人は自分のやっていることへの問題点に気づかない場合もあります。

このケースでは、相談窓口なり苦情処理担当者が校長に対して中立的なスタンスできちんと「通知」ができることが大切です。その際には、「職場環境が悪化していること」や「放置しておけば対外的な訴えに発展する可能性」も示唆して、校長に自省をうながすことがポイントになります。

(2) 言葉の行き過ぎや配慮の足りない言動には「調整」で対応

事例2 教務主任から指導を受ける際に暴言を吐かれるのが苦痛だ

他校から異動してきたＡは、教務主任の小言に滅入っています。主任は細かいことまでチェックしないと気が済まない性格で、報告書類のすみずみまでチェックを入れて厳しく注意します。「数字はうそをつかない」というのが口癖で、特に数字の間違いには厳しく、時には「キミはなんでこんな簡単なことができないのか」と厳しく叱責されます。

こんな叱責についてＡも「数字について厳しく言われることは、仕事上のことでミスをした私が悪いので仕方がない」と受け止めていますが、問題は、そうした指導の中で、「キミは性格的に教師に向いていない」とか、「そのグズな性格を直さないと教員は務まらない」と言われ、時には感情的に「こんな計算は小学生でも間違えない」とまで言われることがあります。

こんな主任が言った「馬鹿野郎、またこんな間違いをしやがって、何度言っても分からない奴はウチの学校にはいらない。すぐ異動願いを出せ」という一言にAはついに逆切れして、「なんでそこまで言われなければならないのか」と言い返したことから言い合いになりました。

Aの言い分は、「ああした厳しい叱責を受けることで余計に緊張して、間違いが多くなる。教育指導の範囲を超えた指導の仕方に問題がある」と言い、主任の方は「白分は性格的にいい加減なことは許せないので、ついつい相手のミスは性格の問題だと考えてしまう。確かに、性格のことまであれこれ言ったのは少し反省しているが、Aの反抗的な態度にも問題があると思っている」と言っています。

解決策 **「調整」でコミュニケーション・ギャップを解消**

「調整」というのは、相談者および行為者双方の主張を第三者（苦情処理委員など）が公平な立場で聞いて、問題の解決を図るやり方です。第三者が双方の主張を聞いて和解可能と判断される場合には双方の主張の調整を行い、第三者を入れて対立点を解消するというやり方です。

このケースでの「調整」の進め方は、具体的に次のような手順で進めます。

①相談者が調整を求める場合は、調整委員会を設置して両当事者からのヒアリングを重ねて調整を行います。このケースでは主任が「言い過ぎ」を認めており、Aも「自分にも落ち度がある」ことを認めていますので、双方の意見は調整できる可能性があります。

②調整は、あくまで両当事者の円満和解を目指して双方の意見を調整し、そこにある誤解やわだかまりを解消することを目的とします。したがって、当事者が望む場合には、調整委員が当事者の話し合いに立ち会う場合もあります。そこで、両当事者にそうした意向を伝え、積極的に調整委員が間に入った話し合いを提案します。

③調整委員の説得もあり、お互いに感情的になっていたことの非を認めあいながら円満和解の方向が見出され和解が成立した場合には、委員会立ち会いによる和解文書の作成を行います。調整はあくまで自主的な解決が目的ですから、不調の場合には、相談者は他の問題解決手続きを求めることができます。

実際にあったこのケースは、主任が感情的になって言い過ぎたことを謝罪して、今後はそうした言動には注意をすることを約束し、Aも主任の注意の意図を理解して仕事上の努力をしていくことを約束することで、円満な解決ができました。

こうしたケースでは、双方が自分の側の問題点を理解しており、対立点は言葉の行き過ぎや感情のもつれが原因ですから、第三者が入ることで双方が冷静になり調整が可能となります。

「調整」のメリットは、当事者同士ではなかなか解決できない双方のコミュニケーション・ギャップを、第三者が入ることで和解環境をつくって合意形成を図ることができるという点にあります。

事例でも、主任は「言い過ぎ」を後悔していても立場上素直にそうしたことを認めることが難しい点を、第三者が入ることで認めやすくなっています。また主任の側としては、確かに言葉としては「言い過ぎ」ではあっても、叱責の真意をAに理解してほしいという気持ちは伝えたいというメッセージは残ります。

「調整」では、こうしたコミュニケーション・ギャップを解消することが解決のポイントになります。

(3) 感情的な対立は「調停」で解決

事例3　些細なすれ違いから言い合いに発展して感情的な対立に

保護者からの電話連絡を受けたAがBに伝え忘れたことを「悪意で伝えなかったんだろう」と指摘されました。Aは「その後に急な仕事が入って忘れただけで、悪意はない」と反論しましたが、日ごろから折り合いが悪い二人は、「以前にもこうしたことがあった」と主張するBと、「なんでもかんでも悪意に結びつけることが許せない」という言い合いに発展しました。つかみ合いに発展しそうになって周囲が止めに入ることになりましたが、AはBの侮辱はパワハラで許せないとして謝罪を要求しました。

解決策　第三者が行司役として調停案を提示

両者が感情的な対立となってしまい、話し合いではとても解決が難しくなっているようなケースでは、「調整」ではなく「調停」という手法が効果的です。こうしたケースではお互いに意地でも譲らないという態度を取っていることが多く、第三者の介入がない限り折り合いは難しいといえます。

この場合、第三者が双方を冷静にさせると同時に、双方にそれぞれの非を認めあうように誘導しなければなりません。そこで、第三者として間に割って入って、双方が相手の言い分を少しずつ認め合い、双方が一歩下がることでの折り合いを求めることになります。したがって、この調停は第三者が行司役として調停案を出し、それを双方に了解させるという、時には力技が必要になります。

このケースでは、両者のヒアリングを重ねるうちに、日ごろのちょっとした誤解が積み重なり、双方が相手への不信感を高めていることが判明しました。しかし、双方とも、誤解が生じても相手に説明しないことが多く、しかも疑ったことを謝らないなど、対応に問題があったことがわかってきました。そこで調整を試みましたが、Aは「あんなやつに謝る必要はない」と主張し続けたので、①Bは疑ったことについて、非は非として謝罪する、②Aは連絡忘れの理由についてキチンと説明し謝罪する、③A、B双方とも相手への対応を改めるなどの調停案を出しました。

調停の場合には、当事者の離れた距離をいかに埋めるかが大事です。そして、和解というのは双方の譲り合いの結果成り立つものですから、相手の立場や言い分もある程度は理解して、納得した場合には譲歩するという姿勢が大切なことを理解することが解決のポイントになります。

そこで、「調停」を進める場合には、次のような点を押さえることが必要になります。

①相談者が調停を求める場合は、調停委員会を設置して両当事者からのヒアリングを重ねて調停を行います。

②調停は、あくまで両当事者の円満和解を目指して、対立する双方の意見を調停し、そこにある対立点の解消を目的とします。したがって、当事者が望む場合には、調停委員会が当事者の話し合いに立ち会う場合もあります。このケースでは日ごろの人間関係から話し合いを双方とも望まないことから、話を聴いて調停委員会が調停案を出します。

③これ以上感情的な言い合いを続けることに意味がない趣旨の調停委員の説得の結果、今回のケースについては、双方に誤解があったことを認め円満に和解することで了解が成立し、委員会立ち会いによる和解文書の作成を行いました。

④委員会は解決に向けた独自の調停案を作成し、両当事者に提示します。当事者のどちらか一方でも調停案に合意できなかった場合には、その調停案をもとに調査委員会へ移行することになります。

(4) 重大な人権侵害が起きた場合は「調査」を実施

事例4 新採教員がパワハラでうつ病になったと訴え

新規採用のAは、明るい性格で周囲からの評判もよく張り切って仕事をしていました。しかし、ある日たまたま保護者からのクレームを受けて立ち往生してしまい、すっかり自信を無くしてしまいました。

少し弱気になっているAに主任教員は「あんなクレーマーに対応できなくてどうする」「教員として失格だ」などと厳しい言葉で注意をしました。落ち込んでいるところに厳しい注意を受けたAは、日常の仕事に集中力を欠きはじめ、些細なミスが増えてきました。

そんなAに主任は、「この程度のことで仕事に影響が出るようでは、今後教員としてやっていけない」と判断し、Aを「調子に乗っているからだ」「大学で何を習ってきたんだ」「辞めてしまえ」などと2時間も立たせて怒鳴りつけました。

もともとパワハラ的言動の評判があった主任は、度々Aを叱責するようになり、A

はだんだんうつ気味になり、休みがちになってきました。周囲は主任に「やり過ぎではないか」とか「Aはかなり参っている」などと注意をしましたが、「甘やかすことは本人のためにならない」「これがオレのやり方だ」といっこうに改まらず、周囲からのアドバイスや意見にも「余計なことを言うな」などと反発して更に厳しい態度を取り続けました。

そのため、とうとうAはうつ病を発症して長期休職に入ることになり、Aの両親から「主任の対応に問題があった」という訴えが出されました。

解決策　**「調査」を実施し組織的に対応**

周囲は主任の指導に原因があると感じていますが、主任は「オレはAの将来を考えて厳しく指導した」「彼のためを思い、あえて厳しい指導をした」と、いわゆる熱血指導を主張して譲りません。こんなケースでは周囲の意見も含めて調査が必要になります。そして、主任のパワハラが確認されれば当然、一定の処分が必要になるケースです。こうしたケースでは**「調査」**という手法が取られることになります。

「調査」という手法は、セクハラ問題への対応でも取られることから、ある種なじみのある解決手法といえるかもしれません。このやり方は、深刻な人権侵害が行われたことを前提に、処分を含めた解決のための手法です。

セクハラ被害などの深刻な被害は、通常「調整」や「調停」といった和解（＝謝罪）で済むことは少なく、被害者の人権侵害の回復とともに、行為者を処罰することが必要になります。同様にパワハラでも、被害が深刻で重大な人権侵害が絡む場合には、行為者の処分が伴う問題となります。

こうした場合には「調査」という手法による解決が求められます。処分ということになれば、行為者のやったことのどの言動が服務規程上の処分対象となるのか、またその言動はどのような懲罰がふさわしいのかといった処分の軽重についての判断をする必要があります。そこで、きちんと調査して事実確認をすることが欠かせない手続きになります。

「調査」という手法は、事例のように、両者の言い分が対立し、事実についても食い違いが多い場合に適用されます。したがって、当事者和解ということを前提にせず、パワハラの有無を調査によってはっきりさせるというやり方です。

①相談者が調査を求める場合は、調査委員会を設置して両当事者からのヒアリングを重ね、関係者から意見聴取を行うなどの調査活動を行います。このケースの場合は被害者であ

るAの訴えを中心に事情聴取を進めることになります。

②このケースは学校の安全配慮義務の責任が問われる可能性もあるので、調査委員会は、委員の選任に当たっては公正・中立性・客観性を担保することが大切です。場合によっては、そのために学外の特別委員を加えることもあります。

③調査委員会は3か月を目途に調査活動を行い、調査結果をまとめ、環境改善や処分に関する提案を学校に行います。

④学校はその提案を受けて、早急に改善や教育委員会への処分具申などを行うこととなります。

処分を前提にした調査ということですから、そこではしっかりとした組織的な対応が求められることになります。苦情処理委員会などがあれば、そこに「調査委員会」を設置して対応することになります。また、処分を前提としたものになる場合には、人事部門と連携して組織的な対応をすることになります。

(5) 学外の人たちとの間でのトラブルへの対応

これまでは学内でのハラスメント対応を中心に述べてきましたが、学校で起きるハラスメントは、すでに見てきた事例にもあるように、学内に限らないことはいうまでもありません。民間企業でも顧客対応をめぐるトラブルとなっているカスタマー・ハラスメントは、学校での保護者や地域住民との間で起きるハラスメントと重なります。

こうした第三者のハラスメント問題については、今回のパワハラ規制法の対象とすべきか否かで議論の対象になりました。

—極端なケースでは暴力的なもの、金品のゆすり、執拗な叱責（本人の自覚がある場合とそうでない場合がある）、長時間拘束（3〜5時間）等がある。営業時間後も続く場合がある。また、強要、脅迫、恐喝、不退去等。

—SNSを用いた根も葉もない中傷行為により、従業員のみならず企業全体も貶められるような事例も増えている。

（第7回職場のパワーハラスメント防止対策についての検討会・企業ヒアリング資料より）

などの事例が検討会で報告され、衆議院厚生労働委員会の付帯決議でも「自社の労働者が取引先、顧客等の第三者から受けたハラスメント及び自社の労働者が取引先に対して行ったハラスメントも雇用管理上の配慮が求められること。」とされました。

学校では、これほど極端な事例が起こるかどうかは別として、保護者や地域住民との間でのハラスメント対応が難しいことや深刻であることは変わりありません。しかし、パワハラ規制法の議論では、現実の対応がなかなか一様ではなく、規制をすることが難しいことから、その内容や状況に応じ適切かつ柔軟に対応することが望ましいとされました。

学校でも、日常的に保護者や地域住民からのクレームに悩まされたり、教員が保護者や地域住民に対してハラスメントを行う場合もあります。

そこで以下では、そうした場合の対応について具体例に沿って対策をご紹介します。

①保護者や地域住民から迷惑行為を受けたら（教員被害型）

事例5　Bは、担任する生徒の保護者から「子どものしつけについて学校でもっと厳しい指導をしてほしい」との要望を再三にわたって受けていました。そして、Bが努力して対応しているにもかかわらず、些細なことを取り上げてのクレームはいっこうに収まりませんでした。

「せっかく家庭で厳しいしつけをやっているのに、他の生徒がだらしないために自分の子どもも影響される」などという理不尽でしつこいクレームに悩まされて困り切ったBは、対応について主任教員や校長に相談しました。しかし校長は「相手は保護者だから、保護者の納得のいくように対応しろ」と言い、主任も「その程度のことは自分で解決しろ」と繰り返すだけで、何らの対応もしてもらえませんでした。

そんなことが繰り返されることで軽いうつ状態になったBは、診断書を提出して休職することになりました。そして、校長が対応してくれなかったことがうつの原因だとして、安全配慮義務違反で学校を訴えました。


こうした保護者からのクレームは、「労働者に大きなストレスを与える悪質なものであり、人権侵害にもなり得る無視できないもの」（労政審報告書）です。カスハラはパワハラ防止措置義務の直接の対象から外れましたが、教員がカスタマー・ハラスメントに苦しみ、心身の健康を損ねかねない状況は深刻な事態です。そうした状況に陥っているにもかかわらず、管理職がその状況を放置すれば、すでに触れたように安全配慮義務違反の責任を負う可能性があり、その対応は大切です。

▼サポート体制の整備と組織的対応

本来、こうした保護者などからのクレームは教員任せにするのではなく、学校自身が明確に示して教員に指示すべきものです。どこまで保護者の要望に応じなければならないのか、どの程度になったら要望を拒否してもいいのかなどの線引きは、学校として示すべき事項です。さらに、このような困難事例への対応相談やサポート体制の整備なども学校には求められます。

このような保護者や地域住民からのクレームの生じやすい学校では、あらかじめ様々な対応への取り組みをしておかなければ安全配慮義務違反が問われることになるという認識が必要です。

指針では、こうした場合の望ましい取組みとして以下のように述べています。

「事業主は、取引先等の他の事業主が雇用する労働者又は他の事業主（その者が法人である場合にあっては、その役員）からのパワーハラスメントや顧客からの著しい迷惑行為（暴行、脅迫、ひどい暴言、著しく不当な要求等）により、その雇用する労働者が就業環境を害されることのないよう、雇用管理上の配慮として、例えば(1)（相談に応じ、適切に対応するために必要な体制の整備）及び(2)（被害者への配慮のための取組）の取組を行うことが望ましい。また、(3)（他の事業主が雇用する労働者等からのパワーハラスメントや顧客等からの著しい迷惑行為による被害を防止するための取組）のような取組を行うことも、その雇用する労働者が被害を受けることを防止する上で有効と考えられる。」（カッコ内著者）

こうした指針の「望ましい取組み」は、措置義務に準じるものとして参考になります。こうした指摘を参考に、対処方針を挙げるとすれば下記のようなことになります。

▼(1)起きた場合には、教員からの相談に応じ、適切に対応するために必要な体制を整備すること

▼(2)被害者教員への配慮のための取組み（被害者個人で対応させない、複数対応をするなど）を行うこと

▼(3)保護者や地域住民からのパワー・ハラスメントや著しい迷惑行為による被害を防止するための措置をあらかじめ講じておくことや、起きた場合の対処方法を明確にしておくこと

②教員が保護者や地域住民に迷惑行為をしたら（教員加害型）

事例6 C教員が、出入りの事務用品の納入業者の商品間違いをとがめて厳しく叱責しました。緊急対応のため、納品を急がせたことが原因だったのですが、「今後の取引は考えさせてもらう」「納品業者としての資格がない」など明らかにパワハラと言われても仕方がない言動があり、納入業者から抗議を受けたため、処分を検討しています。

パワハラ規制法では、自らが雇用する労働者が「他の労働者（他の事業主が雇用する労働者及び求職者を含む）に対する言動に必要な注意を払うよう、研修の実施その他の必要な配慮をする」こととされています。

したがって、こうした趣旨から「職場におけるパワー・ハラスメントを行ってはならない旨の方針の明確化」を行う際に、学校に勤務する職員以外の者（他の事業主が雇用する労働者、教育実習生、地域住民等）に対する言動についても、教員向けと同様の方針を併せて示すことになっています。

▼丁寧な対応、解決への協力及び教員を守る視点を

教員が加害者となった場合には、当該行為により保護者や取引関係者の学校への信頼を失うことになり、それ自体が大きな損失になりかねません。就業規則上も教員の第三者への加害行為は学校の秩序を乱したことになるので、学校のルールに従った厳しい処分が必要になります。

一方、被害者に向けては事前に外部の訴えに対応できる相談窓口を設けて丁寧に対応をすることが必要です。また、このケースのように、企業からの抗議により厳重処分を求められる場合もあり、セクシュアル・ハラスメントの場合同様（改正均等法11条3項）に円滑な問題解決が図られるよう、他社が実施する事実確認や再発防止のための措置に協力するよう努めることも必要になります。

また、こうしたケースでは、加害者とはいえ、教員が必要以上に不当な抗議を受けることがあることから、教員を守るという視点も必要です。そこで、教員の言い分も十分に聞き、ケアするなどの配慮も必要になります。

6章

パワハラを起こさない学校づくり

1 管理職の果たすべき役割

(1) なぜ管理職の果たす役割が大切なのか

学校現場でハラスメントを解決するためのキーパーソンは管理職です。様々なハラスメント事例では、管理職の初動が適切かどうかが学校の責任の有無を左右することになります。つまり、初動で適切な対応がされることで問題化することが避けられたり、反対に初動のミスが取り返しのつかない事態に発展したりすることはよくあることです。

そこで、あらためてハラスメントへの対応で管理職の果たすべき役割を考えておきます。

一般的に、管理職は労務管理上もハラスメントの相談を受ける立場となります。当事者からの相談を受けるだけでなく、当事者たちの上司・同僚から相談を受けたり、もしくは噂を聞いたりすることも多く、こうした機会に当事者の間に積極的に入って解決の努力をすることで、多くの場合は問題が解決します。

しかし、管理職が積極的に動かないことで折角の解決の機会を逃すこともあり、そのことによって事態はますます悪化するということもしばしば見られます。そして、そんなケースが訴訟などに発展すれば、いわゆる監督責任の問題へと発展しかねません。

そこで、あらためて考えておかなければならないのは、管理職個々の対応能力に委ねるのではなく、キチンと管理職の責務として自覚を高め、迅速・適切な対応ができるようにしておくことです。

パワハラの解決システムと技法を中心に述べてきましたが、教育・指導の当事者でもある管理職の果たす役割は重要です。また、そうした現実的な理由からだけでなく、職場環境配慮義務という労務管理の視点からも管理職の果たすべき役割は軽視できません。

各種ハラスメントが社会問題化するなかで、働く人たちのために職場環境を良好なものに保つことは、使用者の責任であり義務であるという考え方も徐々に定着してきました。そして、そうした考え方が職場環境配慮義務という概念として確立するなかで、裁判でも使用者の責任が厳しく問われるようになってきました。

ハラスメントに関して、職場の環境が大きな影響を与え、そのことに関連して使用者の責任が問われるということで、労務管理でもこうした環境配慮義務を意識した取組みが必要になってきています。

そして、問われる「使用者責任」とは、実際に現場でそうした義務を果たす立場にある管理職の言動ということになります。使用者の意を受けて実際に現場を取り仕切るのは管理職であり、現実には、管理職が使用者に代わって果たすべき役割が重要になります。

(2) 管理職の責務とは

そうした管理職の責任を明確にするためには、管理職が実際に職場で果たすべき責務を明らかにしておくことが大切です。そこで、次のような責務を服務規程などであらためて明文化しておくことがよいでしょう。

〔基本〕管理監督者は職場環境を良好に保つ責任があります。
①日常の職場環境に配慮し、ハラスメントが起きないように防止を心がける
②日ごろからの指導により教員の注意を喚起する
③管理監督者自身が模範となるよう心がける

④職場でハラスメントが発生した場合は、迅速かつ適切に対処する
⑤常に教員が相談しやすい雰囲気をつくるよう心がける

〔**相談対応**〕管理監督者は、教員の苦情相談を受ける立場にあります
①常に当事者にとって適切かつ効果的な対応は何かという視点をもつ
②相談者の意向を第一に考える
③相談を受けるにあたり、先入観をもたない
④関係者のプライバシー、名誉その他の人権を尊重し、秘密を厳守する
⑤事態を悪化させないため、迅速に対応する
⑥ハラスメントは人権上の問題であり、絶対に許さないという立場に立つ

セクハラやパワハラについて管理職の果たすべき役割は、おおむねこうした内容になります。特に、パワハラは指導や教育という場面で起こりがちなことから、管理職の責任を明文化して、自らがこうしたことを起こさないということだけでなく、職場で立場上果たすべき責任を自覚して行動することは、予防という点からも大切です。

2 ハラスメントへの心構え

(1) 問題はコミュニケーション・ギャップ

パワー・ハラスメントについては、よく言われるように、そんなことは職場のどこにでもある慣れ親しんだ光景の一つに過ぎないという見方もあります。キレやすい上司はどこにでもいるし、また少し要領の悪い部下もどこにでもいます。こんな人たちの組み合わせでイライラがつのり、怒声がとんだり、罵声を浴びせたりということはよくあることです。それどころか、これまでであれば、こうした大声をあげる上司は仕事熱心で、熱血指導などと称賛されることもあったものです。

しかし、近年、そんな上司の対応がパワハラだと指弾されたり、職場いじめとして問題化するようになってきました。その理由は、叱る側にも受ける側にも、これまでのようによくある職場の一つの風景だなどと言って済ませられない状況になってきたからです。そうした対応が、ある時は教員を職場不適応に追い込み、メンタルな問題を引き起こしてしまい、自殺を招いてしまうことさえあるからです。これまでであれば職場によくある風景の一つでしかなかったことが、メンタル不全はおろか、自殺にまで発展してしまうということであれば、確かにただごとではありません。

一昔前であれば、こうしたトラブルは上司や同僚に相談としてもちかけられることが多く、それをきっかけに上司や同僚が間に入ってとりなしたり、当人同士がじっくりと話合うことで解決が図られてきました。しかし、最近では、当人同士のコミュニケーションも難しくなり、上司にもそうした目配りの余裕がなくなっていることが問題なのです。つまり、パワハラの場合のトラブルの原因の多くは、余裕のなさから生じるコミュニケーション不足やコミュニケーション・ギャップによって起こされます。

問題は、そのコミュニケーション・ギャップをどのようにシステム的に解決するのかということになります。どんなトラブルでも、間に入った第三者からの適切な指摘やアドバイスで、両者は徐々に冷静になり折り合いが見えてくるというのが考え方のスタートです。両当事者も時間が経つことで、冷静さを取り戻し、第三者が介入してくれていることで振り上げた拳をおろす機会にもなります。

また、得てしてこうした場面では、第三者介入が当事者の望みにかなっていることもあるのです。つまり、成り行きで発展してしまった対立は、一度始まってしまえば当事者にはなかなか止めることができません。だから、こんな場合には、本心では誰かが止めにはいってくれることが期待されることも多いのです。まさに時の氏神の登場が期待されている場面です。

職場内での言い争いなどの場合、ほとんどがこうした条件にあてはまるケースだともいえます。なぜならば、それは身内の言い争いであり、当事者や周囲も十分に認識して大きなマイナスだということは、必要以上の問題の拡大は仕事にとって大きなマイナスだということは、当事者や周囲も十分に認識しているからです。まして、「辞めろ」「辞めてやる」という言い争いが職場というリングから場外へ飛び出すことは、誰にとっても利益はありません。

言い換えれば、外に出て争うのは究極の手段であり、そうした手段を選ぶことが双方や職場にもたらす不利益を覚悟しなければなりません。こうしたことから、できることならば内々で済ませたいし、無用な争いは避けたいという意識が常に働くのです。まして、こうした身内の恥でもある争いを職場の外にもちだすことは誰も歓迎していません。

ギスギスした職場環境の中での些細なコミュニケーション・ギャップから起こされるトラブルに対して、和解という手法は、表面上はともかく、両当事者が内心は望んでいることであり、それに応えることでもあるのです。ここに、和解の必要性と有効性があると言ってもいいでしょう。

(2) パワハラ加害者にならない―ストレスは弱者に向かう

近年の職場環境の特徴として、仕事が増え、仕事のスピードが速くなり、ミスに厳しくなっているという表現がよくされます。こうした職場では当然にストレスが高まり、自然に苛立つ職場環境となっていきます。この職場環境の変化が働く人たちのストレスを高めることになり、そのことがパワハラの大きな要因になっていると考えられます。

そして、何よりも大事なことは、そのストレスが自然と弱者に向けられてしまうという現実です。現代の職場では、誰もが抱えがちなストレスが身近な弱者に向かい、それよって職場のパワー・ハラスメントが起きる、ということを改めて考えてみましょう。

そうした場合のストレスについて、車の運転に関する例え話で考えてみます。車の運転をされる方の大きなストレスの原因に道路の渋滞があります。運悪く、再三信号で止められることがあれば、それはストレスになります。

あなたが急ぎの用で車を飛ばしている時に、まさに運悪く赤信号に再三足止めをされていました。ある赤信号で止められて、ようやく信号が青に変わったら、今度は前の車が動こうとしません。こんな場合にあなたはクラクションを鳴らさずにいられるでしょうか。

とっさの判断ということになりますが、前の車が軽乗用車で女性の運転手の場合と、外車で怪しい男性が乗っている場合とでは、瞬間的に対応を変えることになりませんか。こんな瞬間的な判断でも、車の持ち主の属性で反応を計算して対応していないでしょうか。

このように、ほとんど無意識に近い判断をする場合でも、相手の強弱を計算して、相手が弱い立場にあるという判断があれば、何の躊躇もなく自らのストレスをクラクションに乗せて相手にぶつけてしまうものです。

職場でのイライラも、相手を選んでぶつけることに変わりはありません。いくらイライラしていても、そのストレスを上司にぶつける人は少ないでしょう。相手からの反論や報復のない目下の人に対して無意識にストレスをぶつけていませんか。そうした弱者に向けてのストレス発散は、パワハラの大きな要因となります。

3 これまでの発想では対応できない

ハラスメント対策の基本についていろいろと述べてきましたが、ここではこれまでの発想では対応できない幾つかの対策上の注意点を整理しておくことにしましょう。

(1) 〝べからず集〟では対応できない

この問題を取り扱う場合に陥りがちな考え方として、「何をやってはいけないのか決めて取り締まる」という発想があります。つまり、やってはいけないことを注意点としてあげて止めればいいのではないかという発想です。

典型的には、「べからず集」を作成して、こうしたことはセクハラ、パワハラに該当するので禁止しよう、止めようという考え方です。例えば、とんでもないエッチな発言や下品なことをいったり、「ばか野郎」とか「愚図」と言ったり、大声で叱責するなどの具体例を挙げて、それらを禁止しようという考え方です。

こうした「べからず集」的な発想は、事例が具体的なだけ分かりやすいのですが、分かりやすいだけに誤解を生む可能性があることや、本質を見失うことに注意が必要です。なぜならば、セクハラ、パワハラが問題にしているのは、そうした言い方や外見上のことではないからです。問われているのは、本来の業務を逸脱した言動やそこで起きている人権侵害だということです。

同じ「ばか野郎」という言葉を言っても、パワハラになる場合もあればならない場合もあり、そうした言動をどのような場面で誰が言ったのかによって違いが出てきます。さらに言えば、どんなにきつい表現でも人間関係で許されることもあります。

例えばガテン系の職場で危険を避けるために「ばか野郎、どけ」と怒鳴ることと、オフィスで「ばか野郎、どけ」と怒鳴ることは同列ではありません。また、同じ上司の注意でも、個人的な注意の場面での「ばか野郎」と、会議で参加者全員の面前での「ばか野郎」は、受ける側の感情は同一ではありません。職場を離れたケースでも、電車で見知らぬ隣の男性にいきなり「ばか野郎」と怒鳴られる場合と、長年の友人同士で「ばか野郎」と言い合うのでは、まったく違う理解が生まれます。

このように、同じことを言っても、セクハラ、パワハラになる場合もあればならない場合もあるし、人によってなったりならなかったりする場合もあります。それどころか、どの程度のことまで言うと問題になるのかは、当事者同士のコミュニケーションや人間関係に左右されるのです。

あらためて言うまでもなく、職場での暴言や暴力が相手への人権侵害行為であることは誰でも知っています。だから、そうした言動を書き連ねて〝べからず集〟を作ることや、あえてそうした言動に注意をうながすことは、「お互いに注意しよう」という警告や職場モラルの再確認の意味はありますが、それによってセクハラ、パワハラが解決されるということにはなりません。

(2)「どこからどこまで」という発想ではダメ

さらに、「果たしてどの程度のことを言えば問題になるのか」ということも気になるテーマです。多くのケースで行為者は、「仕事熱心のあまり……」「多少の行き過ぎはあったかもしれないが、悪意があったわけではない」などと弁明します。一方、セクハラなどでは、「そんな風に受け止められるとは思わなかった」などと釈明され、逆に「そんな風に受け止めるのは、受け止める側に問題がある」とまで言われることもあります。つまり「この程度のことはハラスメントではない」というわけです。

さて、ここでセクハラ、パワハラを説明する際に欠かせないことは、どのような弁明や釈明が行われたとしても、このセクハラ、パワハラ行為は「相手を傷つける行為」であって、場合によっては「相手に対する差別的で暴力的な行為になる」という点です。

そこで、もう一度考えてほしいのが、「セクハラ、パワハラはあくまで人権侵害なのだ」ということです。人権侵害行為であることを基本にすれば、「どこからどこまで」という議論は出てきません。そもそも人権侵害は許されることではありませんから、「この程度の人権侵害は許されるはずだ」とか「この程度の人権侵害は我慢すべきだ」などという「どこからどこまで」とか「どの程度」という主張はありえません。

熱血指導などという言葉がありますが、たとえそれがどんなに相手のためを思ってした結果であったとしても、人権侵害行為が許されることはありえないのです。「相手のためを思う相手に対する人権侵害」などということ自体がありえないことであり、むしろそうした言い分が通ってきたこれまでの叱責の在り方が問題だったともいえます。

言動に対する受け止め方には、個人間や男女間、立場等により個人差があり、ハラスメントに当たるか否かについては受け手の判断が重要であることに注意する必要があります。

一般論としての注意点を挙げておけば、以下のようなものになります。

①親しさを表すつもりの言動であったとしても、本人の意図とは関係なく相手を不快にさせてしまう場合がある（チャンづけ、髪型・服装に関するコメントなど）。

②不快に感じるか否かは個人差がある（不快の判断は受け手の主観による）。

③この程度なら許されるだろうという勝手な判断をしない（判断するのはアナタではない）。

④相手との良好な人間関係があるという主観的な判断をしない（相手は必ずしもそのように思っているとは限らない）。

⑤ハラスメントであるか否かについて、相手からいつも意思表示があるとは限らないことに注意する。

⑥個人的な行為であっても、相手は職務上の立場を配慮して断らない場合がある（職務外でも立場は影響力をもつ）。

⑦経験・知識・技術の差は相手が反論しにくい影響力を与える（上司から部下にだけでなく、同僚同士、部下から上司にも起きる）。

⑧相手が拒否し、又は嫌がっていることが分かった場合には、同じ言動を決して繰り返さ

ない。

4 ハラスメントを起こさない職場環境チェックリスト

ハラスメントは、すでに触れてきたように〝べからず集〟では対応ができません。しかし、日ごろの気付きによって意識を変えることで予防は可能です。そこで、自らの問題点を事前に理解して、注意をすることが大切です。

以下では、そんなあなたが日ごろ気づいていないハラスメントの危険度をチェックしてみましょう。

▼ハラスメント危険度チェック

次の項目を読んで、当てはまると思うものにチェックを入れてください。そして、後の〈解説〉に沿って自己診断をしてみてください。

〈ハラスメント・セルフチェック〉

□①どうも、できの悪い教員との巡り合わせが多い気がする
□②気配りのできない教員にイライラさせられることが多い
□③ついつい、他の教員の前で同僚の不満を言ってしまうことがある
□④同僚のミスが気になるが、黙ってカバーしてしまうことが多い
□⑤最近、仕事の進行管理がうまくいっていないと感じている
□⑥今の学校に自分はどうも合わないと感じることが多い
□⑦自分に対抗意識を燃やしてくる人とは、とことん張り合う方だ
□⑧同僚などから批判がましいことを言われて、逆ギレしたことがある
□⑨多少仕事はできても、日ごろの言動から尊敬できない教員が多い
□⑩イヤな出来事があると、なかなか割り切れずに引きずってしまう
□⑪ついつい、生徒の前で学校の批判をしてしまうことがある
□⑫生徒を叱るとき、ＴＰＯを考えないことがある
□⑬注意に対して、生徒たちの言い訳が多すぎると感じている
□⑭周囲の調和を乱す目障りな教員がいる
□⑮最近、職場の人間関係を憂鬱に感じることが多い

〈**解説**〉

さて、結果はどうだったでしょうか。

15問中12問以上にチェックが入っている場合は、危機的状況にあると言えます。まさに現在、危険区域に入っており、レッドゾーンに突入しています。

8～11箇所にチェックの入った方は要注意状態で、いわゆるイエローゾーンです。早急に原因を探り、早めに対処すればレッドゾーンは回避できます。ただし、放置しておけば、間違いなくレッドゾーンへと移行することになります。

7箇所以下は、ほどほどのストレスのなかで、比較的良好な職場環境が保たれている状態にあると言ってもいいでしょう。ただし、危険な兆候が含まれていないかチェックして、今後に備えることは大切です。

▼職場の現状は？

全体的な評価をチェックしたところで、さらに、その診断に入ることにします。まず見てほしいのは、設問の①、⑤、⑮です。これは、職場の現状をチェックする項目です。

□①どうも、できの悪い教員との巡り合わせが多い気がする

□⑤最近、仕事の進行管理がうまくいっていないと感じている

□⑮最近、職場の人間関係を憂鬱に感じることが多い

この3つの設問に2つ以上のチェックが入っている場合には、今、あなたの職場にパワハラ警報が鳴っているということになります。早急に、その原因を突き止めて、警報のスイッチを切らなければなりません。

▼どこに問題が潜んでいるか

それでは、その原因探しをしてみることにしましょう。

まず、設問③、⑥、⑨、⑪、⑬、⑭にチェックが入っているかどうかです。それぞれが原因を指し示している項目です。

⑬と⑭は、同僚・生徒に対する不満をみたものです。

□⑬注意に対して、生徒の言い訳が多すぎると感じている

□⑭周囲の調和を乱す目障りな教員がいる

これにチェックが入っている人は、同僚・生徒への不満をためています。同僚や生徒との関係を見直すことが必要です。現在抱えている問題があれば、まず同僚や生徒と率直な意見交換をはじめてみることです。

③と⑨は、校内の人間関係への不満をみたものです。

□③ついつい、他の教員の前で同僚の不満を言ってしまうことがある
□⑨多少仕事はできても、日ごろの言動から尊敬できない教員が多い
あなた自身が学校への不満を抱え込み、板挟みになって、さらにストレスを抱え込んでいる状態となっています。
⑥と⑪は、学校全体への不満度をみる項目です。
□⑥今の学校に自分はどうも合わないと感じることが多い
□⑪ついつい、生徒の前で学校の批判をしてしまうことがある
これもチェックがあれば要注意です。労働条件や学校の方針、上層部への不満などが職場環境を悪化させていないかどうか、点検が必要です。

▼あなた自身のパワハラ傾向は？

次に、あなた自身のパワハラ体質を問うのが、②、④、⑧です。
□②気配りのできない教員にイライラさせられることが多い
□④同僚のミスが気になるが、黙ってカバーしてしまうことが多い
□⑧同僚などから批判がましいことを言われて、逆ギレしたことがある
これに２つ以上チェックが入った場合は、あなた自身にパワハラ体質の傾向があり、パ

ワハラを引き起こす張本人になりかねないことを示しています。自覚があればまだしも、その自覚がない場合にはより危険度が増すことになります。

身辺を見回し、自覚的にその要因となることに目を向け除去しておかないと、パワハラ加害者となってしまいかねないので要注意ということです。

▼ストレスのため込み度は？

さて、⑦、⑩、⑫は、そんなあなたのストレスため込み度チェックです。

□⑦自分に対抗意識を燃やしてくる人とは、とことん張り合う方だ

□⑩イヤな出来事があると、なかなか割り切れずに引きずってしまう

□⑫生徒を叱るとき、ＴＰＯを考えないことがある

これも、２つを超えたら要注意です。責任感や自制心が強いあまりに、自らがストレスを溜めやすい体質であることを示しています。それがあまり強過ぎると、突然、限界を超えて暴走することにもなりかねません。

そうしたことを回避するには、適度なストレスの発散によるコントロールを心がけることが必要です。まさに、現状ではそうしたことができていない状態であることの自覚が必要です。

結果はどうだったでしょうか。「自分に限って……」という思い込みが崩れた人もいるでしょうが、それは仕方ありません。社会全体が高ストレス化しているなかで、あなただけが例外ということはありえないからです。

幸いにして多くの問題をクリアし、健全な職場にいることを再認識した方は幸せだと言えるでしょう。この高ストレス社会で、例外的であることの貴重さを、ぜひ大切にしてほしいものです。

▼生徒の叱り方ワンポイント・アドバイス

最後に、生徒の叱り方についてのワンポイント・アドバイスです。

①叱るときはその場で叱らず、時間をおいてゆっくりと叱る（最低2時間は間を空ける）

②相手への期待を込めた叱り方をする（cf「きつく言ったが、キミには期待しているんだ」など）

この2つをぜひ心掛けていただきたいと思います。

【著者紹介】

金子 雅臣（かねこ・まさおみ）

一般社団法人・職場のハラスメント研究所所長／労働ジャーナリスト
東京都にて長年、労働相談に従事し、ルポライターとしても活躍。退職後、労働ジャーナリストとしての執筆などのかたわら、職場のハラスメント対策に関する講演・指導などを多数手がける。
主な著書に『パワー・ハラスメントなんでも相談』（日本評論社）、『部下を壊す上司たち』（PHP 出版）、ビデオ監修に『見て分かる改正均等法のセクハラ対策』（アスパクリエイト）などがある。

先生、それパワハラです！ と言われないために
―管理職が知らないとまずいハラスメント対策―

2020年8月25日　第1刷発行

著　者　　金子　雅臣
発行者　　福山　孝弘
発行所　　株式会社 教育開発研究所
〒113-0033 東京都文京区本郷2-15-13
TEL.03-3815-7041 ／ FAX.03-3816-2488
URL：https://www.kyouiku-kaihatu.co.jp
E-mail：sales@kyouiku-kaihatu.co.jp
表紙デザイン　佐藤明日香（スタジオダンク）
印刷・製本　中央精版印刷株式会社

ISBN978-4-86560-525-9　C3037
落丁・乱丁本はお取り替えいたします。定価はカバーに表示してあります。